成盛中国芯 htc 成长数字营 创新课堂系列丛书

中国儿童青少年计算机表演赛辅导用书

北京市中小学校本选修课教材

信息安全实践

威盛中国芯 hTC 成长数字营活动办公室　组织编写

贾志勇　编著

科 学 出 版 社

北　京

内 容 简 介

本书围绕信息安全进行系统介绍，将网络攻防由浅入深进行展开，全书共分为8章，系统讲解了网络扫描与嗅探、密码破解技术、网络欺骗技术、漏洞利用技术、拒绝服务攻击技术、恶意代码技术、Web攻击技术、安全防护技术等知识。通过本书学习到的不仅是信息安全的攻防技术，还有信息时代网络伦理道德的加深。

本书是威盛中国芯·HTC·成长数字营创新课堂系列丛书之一，也是中国儿童青少年威盛中国芯·HTC·计算机表演赛配套辅导用书。内容针对比赛与课堂教学，也可作为中小学信息技术等相关课程的教材和参考书。

图书在版编目(CIP)数据

青少年信息安全实践 / 贾志勇编著. —北京：科学出版社，2016.1
（威盛中国芯 HTC 成长数字营创新课堂系列丛书）
中国儿童青少年计算机表演赛辅助用书. 北京市中小学校本选修课教材
ISBN 978-7-03-046599-3

Ⅰ.①青… Ⅱ.①贾… Ⅲ.①计算机安全-信息安全-中小学-教材
Ⅳ.①G634.671

中国版本图书馆CIP数据核字（2015）第290600号

责任编辑：于海云 / 责任校对：郭瑞芝
责任印制：霍 兵 / 封面设计：迷底书装

科 学 出 版 社 出版
北京东黄城根北街16号
邮政编码：100717
http://www.sciencep.com

安泰印刷厂 印刷
科学出版社发行 各地新华书店经销

*

2016年1月第 一 版 开本：787×1092 1/16
2016年1月第一次印刷 印张：8 1/2
字数：201 000
定价：28.00元
（如有印装质量问题，我社负责调换）

编写委员会

顾　问：倪光南　吴文虎　张云卿
　　　　罗森林　谭晓生
主　编：贾志勇
成　员：王　戈　林　伟　任伟佳
　　　　邹　爽　赵　辉

党的十八大报告明确把"信息化水平大幅提升"纳入全面建成小康社会的目标之一，大力推进信息化已成为事关国民经济和社会发展全局的重要举措。教育信息化是国家信息化的重要组成部分和战略重点，具有基础性、战略性、全局性地位。二十多年来，教育信息化得到了迅速发展，教育信息化日益被普及推广，对教育的改革和发展起到了重要推动作用。

威盛中国芯HTC成长数字营（以下简称"数字营"）是一个致力于推动教育信息化的公益项目，数字营目前主要有创新课堂、教育扶贫、未来教室三大项目。其中，创新课堂项目主要以提供信息技术创新应用课程、开展相关教师培训为核心，丰富教师的教学内容，拓展教师的教学思路。

随着信息技术的迅速发展，相关的教学内容也在不断更新，教师面临着新技术、新内容、新教学方法等多方面的问题。创新课堂系列丛书正是根据信息技术发展的需要，由一批相关领域的专家、学者，以及工作于教学第一线的教师共同编写而成的。本套丛书将目前国内外前沿的、具有实用价值和创新性的内容进行了科学、系统的整理和创新，作为对学校现有课程的延伸和补充，帮助教师提升自身的专业能力。

本套丛书及相关课程的开发主要结合了现代教育和社会热点，根据循序渐进的教学规律划分成若干阶段，并以趣味性的课堂设计引领学生进入课程学习。目前，丛书主要涉及信息技术的相关领域，包含《虚拟机器人设计与实践》、《手机应用开发》、《数字故事创作》、《网络信息搜索》、《创客进行时——用Arduino去创造》、《青少年信息安全实践》等。

本套丛书具有较广的适用面，已经纳入北京市中小学校本选修课教材，可作为中国儿童青少年计算机表演赛等信息技术普及教育活动的辅导用书。

相信本套丛书的出版有助于进一步推动信息技术课程的研究和改革，对培养适应信息时代的高素质人才，提高青少年信息素养起到积极的作用。热忱欢迎全国教育界同行和关注青少年信息技术教育的广大有识之士对我们的工作提出宝贵意见和建议！

威盛中国芯·HTC·成长数字营活动办公室

2015 年 6 月

序　言

信息安全已随着网络的普及而与所有人息息相关，从保障国家军事政治机密安全，到防范商业企业机密泄露和个人网银安全，再到防范青少年对不良信息的浏览等，信息安全应是所有人重视的领域。

"网络空间安全"于2015年6月获批成为"国家一级学科"，凸显了国家的网络信息安全人才培养的重视，但网络安全人才来源的缺乏是大家都普遍面对的问题，通过高考考入信息安全相关专业的学生，绝大多数在中学时期并没有接受过网络安全方面的系统训练，选择网络安全相关专业有很大的盲目性。相对于"育人"来讲，"选人"是更需要解决的问题，解决之道就是在中学，甚至小学对同学们进行系统的，有计划的培训，让信息安全进入课堂，让同学们从小就开始接触网络安全知识，应用网络安全知识，激发对网络安全的兴趣，理解网络安全的意义。在人人初步了解网络安全的基础上，让有天赋的同学脱颖而出，可以在进入大学之前就显露其才华，可以被更有效识别出来，进入大学相关专业培养。

市面上信息安全的书籍很多，但适合中小学生的信息安全教育的却凤毛麟角，相对于对某个细分领域的深入研讨，更需要给同学们展现网络安全的全貌以及可以快速动手就进行简单尝试的教程，而一直致力于信息化人才培养的中国儿童青少年威盛中国芯HTC计算机表演赛，也十分关注青少年信息安全教育的发展，并借此契机邀请贾志勇老师编撰《青少年信息安全实践》一书填补了这个空白。

贾志勇老师有多年中学信息化、信息安全教育经验，所编著的该书，涵盖了TCP/IP协议基础知识、密码学基础知识，对网络欺骗、拒绝服务攻击、Web攻击、恶意代码技术都做了介绍，最后还简单介绍了网络防护技术，除了深入浅出对网络攻防原理做介绍，还对实验方法进行介绍，方便同学们亲自动手试一试，兴趣的产生往往就是从"动手试一试"开始的。

　　网络信息安全人才的培养是一项艰巨、长期的任务，在面向中小学生的网络安全培训材料上我们才刚刚开始，期待有更多更好的培训材料不断涌现出来。

谭晓生

2015 年 9 月

1984 年，邓小平观看小学生操作简易电子计算机，提出"计算机的普及要从娃娃做起"。之后随着互联网的迅速的发展，网络安全也逐渐成为了社会的关键词。到 2015 年，网络安全已经被提升到前所未有的高度，"没有网络安全就没有国家安全，没有信息化就没有现代化。"这一论述，把网络安全上升到了国家安全的层面，列于和国家信息化同等重要的位置。

当今世界信息化、网络化飞速发展，网络安全领域已经成为众多计算机高手施展才华的舞台。他们被大多数人称为"黑客"。在信息安全的世界里，"黑客"一词是由英语 Hacker 音译出来的，这个英文单词本身并没有明显的褒义或贬义，其本意类似于汉语对话中常提到的捉刀者、枪手、能手之类词语。"黑客"泛指擅长 IT 技术的人群、计算机科学家。黑客们往往精通各种编程语言和各类操作系统，同时对于数学的掌握也是必不可少的，运行计算机程序其实就是运算、离散数学、线性代数、微积分等知识的综合应用。

但随着计算机和网络的发展。"黑客"也逐渐分为了两个方向。当他们利用公共通信网路，如互联网和电话系统，在未经许可的情况下，载入对方系统的被称为"黑帽黑客"（black hat，另称 cracker），这种"黑客"往往会利用漏洞攻击用户窃取资料，是一种违法行为；另一种是调试和分析计算机安全系统，这类人群被称为"白帽黑客"（white hat）。

"白帽黑客"的代表人物有很多，而王琦就是其中之一。王琦在网络安全圈早已鼎鼎有名，人称"大牛蛙"。他曾是微软中国安全响应中心技术负责人，建立了微软在美国总部以外的第一个安全响应中心。而且他还成功发现了这个世界上最难发现的最危险漏洞，并将这个漏洞报告给厂商修复，让其他"黑帽黑客"没有可乘之机，从而让互联网变得更安全。而本书宗旨就是让每个学习者都能成为像王琦这种对国家、企业网络信息安全有帮助的"白帽黑客"。

　　网络安全和信息化对一个国家很多领域都是牵一发而动全身的，要认清我们面临的形势和任务，充分认识做好工作的重要性和紧迫性，因势而谋，应势而动，顺势而为。建设网络强国，要把人才资源汇聚起来，建设一支政治强、业务精、作风好的强大队伍；要培养造就世界水平的科学家、网络科技领军人才、卓越工程师的高水平创新团队。"把关键技术掌握在自己手里"是网络信息安全的保障，希望对网络安全感兴趣的初学者认真阅读，深入钻研，为我们国家的强盛贡献力量。

编者

2015 年 9 月

目录

第一章 网络扫描与嗅探

每年我们国家的互联网应急中心（CNCERT/CC）都会对过去一年里所有的网络安全事件进行统计，像我们熟知的计算机病毒、网络诈骗，还有同学们可能没有听过的拒绝服务攻击、Web攻击技术等都是重点调查的对象。

大家千万不能小瞧这些安全事件，就是这些事件造成了现在网络上的各种隐私泄露和经济损失的恶果。人们使用网络越多，安全问题就变得越严重。在这一章中我们将为大家介绍网络攻防技术的基础技术——网络扫描与嗅探。

1.1 基础知识

1.1.1 数据传输过程

计算机网络就像是一个看不见的"天网"一样，只要有一方连入Internet上，就算是再远我们都能够找到。这个几乎让人察觉不到的巨大的"天网"实际上具有十分复杂的结构和运行机制。下面我们就来学习一下数据在Internet中是怎样传输的。

（1）数据是在什么中传输的？

我们使用水管将水引导流到别的地方，而数据的传输也需要一个有方向的管道。目前最先进的传输技术就是光纤，使用了这种技术的数据将会变成光信号，以世界上最快的速度到达任何想去的地方，如图1-1所示。

图 1-1

（2）数据怎样找到自己的目的地？

世界上的每一个地方都有自己不同的邮政编码，而 Internet 上的计算机也有自己的地址编码，也就是我们常说的 IP 地址。

（3）数据传输的过程中经过了什么？

如图 1-2 所示，就像人们在生活中寄出一封信一样，数据在发送之前也是要被装进"信封"、贴上"邮票"再"寄出"的。Internet 的结构十分复杂，可以简单地分成五层，即 TCP 协议，数据每经过一层就会被包裹上一层"信封"，而且每一个"信封"都有不同的作用。TCP 协议模型如图 1-3 所示。

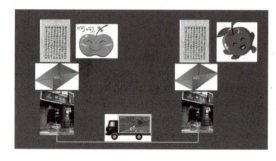
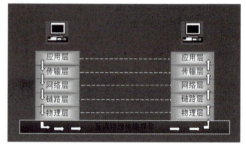

图 1-2　　　　　　　　　　　　　　　图 1-3

1.1.2　IP 地址

IP 地址是指互联网协议地址（Internet Protocol Address，又称网际协议地址），是 IP Address 的缩写。IP 地址是 IP 协议提供的一种统一的地址格式，它为互联网上的每一个网络和每一台主机分配一个逻辑地址，以此来屏蔽物理地址的差异。常见的 IP 地址分为 IPv4 与 IPv6 两大类。

1. 详细介绍

IP 地址被用来给 Internet 上的每台电脑编一个号。大家日常见到的情况是每台联网的 PC 上都需要有 IP 地址，才能正常通信。我们可以把 PC 比作"一部电话"，那么"IP 地址"就相当于"电话号码"，而 Internet 中的路由器，就相当于电信局里的"程控式交换机"。

IP 地址是一个 32 位的二进制数，通常被分割为 4 个 8 位二进制数（也就是 4 个字节）。IP 地址通常用"点分十进制"表示成 a.b.c.d 的形式，其中，a、b、c、d 都是 0 ~ 255 之间的十进制整数。例如：点分十进制 IP 地址 100.4.5.6，实际上是以下 32 位二进制数：01100100.00000100.00000101.00000110。

IP 地址编址方案如下：将 IP 地址空间划分为 A、B、C、D、E 五类，其中 A、B、C 是基本类，D、E 类作为多播和保留使用。

IPv4 就是有 4 段数字，每一段最大不超过 255。由于互联网的蓬勃发展，IP 位址的需求量越来越大，使得 IP 位址的发放趋于严格。各项资料显示，全球 IPv4 位址可能在 2005 年至 2010 年间全部发完（实际情况是在 2011 年 2 月 3 日 IPv4 位地址发完）。

地址空间的不足必将妨碍互联网的进一步发展。为了扩大地址空间，有关机构通过 IPv6 重新定义地址空间。IPv6 采用 128 位地址长度。在 IPv6 的设计过程中，除了一劳永逸地解决了地址短缺问题以外，还考虑了在 IPv4 中解决不好的其他问题。

2. IP 地址的分配

TCP/IP 协议需要针对不同的网络进行不同的设置，且每个节点一般需要一个"IP 地址"、一个"子网掩码"、一个"默认网关"。不过，可以通过动态主机配置协议（DHCP）给客户端自动分配一个 IP 地址，既避免了出错，也简化了 TCP/IP 协议的设置。

3. IP 地址分类

最初设计互联网络时，为了便于寻址以及构造层次化网络，每个 IP 地址包括两个标识码（ID），即网络 ID 和主机 ID。同一个物理网络上的所有主机都使用同一个网络 ID，网络上的一个主机（包括网络上工作站、服务器和路由器等）有一个主机 ID 与其对应。Internet 委员会定义了 5 种 IP 地址类型以适合不同容量的网络，即 A 类 ~ E 类。

其中 A、B、C3 类（如表 1-1 所示）由 InternetNIC 在全球范围内统一分配，D、E 类为特殊地址。

表 1-1

类别	最大网络数	IP 地址范围	最大主机数	私有 IP 地址范围
A	126	0.0.0.0 ~ 127.255.255.255	16777214	10.0.0.0 ~ 10.255.255.255
B	16384	128.0.0.0 ~ 191.255.255.255	65534	172.16.0.0 ~ 172.31.255.255
C	2097152	192.0.0.0 ~ 223.255.255.255	254	192.168.0.0 ~ 192.168.255.255

4. 特殊的网址

（1）每一个字节都为 0 的地址（0.0.0.0）对应于当前主机。

（2）IP 地址中的每一个字节都为 1 的 IP 地址（255.255.255.255）是当前子网的广播地址。

（3）IP 地址中凡是以 11110 开头的 E 类 IP 地址都保留用于将来或实验使用。

（4）IP 地址中不能以十进制 127 作为开头，该类地址中数字 127.0.0.1 ~ 127.255.255.255 用于回路测试，例如：127.0.0.1 可以代表本机 IP 地址，用 http://127.0.0.1 就可以测试本机中配置的 Web 服务器。

（5）网络 ID 的第一个 8 位组也不能全置为 0，全 0 表示本地网络。

5. 实用操作——查任意人 IP

1）主动查对方的 IP

查任意人 IP 地址的基本思路是：若想知道对方的地址，只需设法让对方访问自己的 IP 地址就可以了。一旦对方来访问，也就建立了一个 SOCKET 连接，就可以轻松地捕获他（她）的 IP 地址。当然前提是他得在线。

（1）申请一个转向域名，如 126com 等，并在网上做一个主页（无论怎么简单都可以，目的只是为了查 IP 地址）。

（2）在你想查别人 IP 的时候，到你申请域名的地方，将链接转到你的 IP。

（3）打开查 IP 地址的软件。

（4）联系那个你想查其 IP 地址的人，想办法让他登录你的网站看看，给他这个转向域名。

（5）当他输入此网址以后，域名会自动指向你的 IP，此时你就能知道对方的 IP 了。

（6）当你查到对方的 IP 地址后，再将转向的地址改为你网站的地址，这样可达到隐藏自己的目的。

2）被动查对方 IP

如今的互联网上真的不大安全，总有一些不怀好意的人拿着"扫描器"扫来扫去。如果你想查那个扫描你电脑的人的 IP，可用下面两种方法。

一种做法是用"天网"软件，用软件默认的规则即可。如果有人扫描你的电脑，那么在"日志"中就可以看到那个扫描你的人的 IP 地址了，他扫描你电脑用的哪个端口也可从中看出。

另外一种做法是用"黑客陷阱"软件，这些软件可以欺骗对方你的某些端口已经打开，让他误以为你已经中了木马，当他与你的电脑产生连接时，他的 IP 就记录在这些软件中了。以"小猪快跑"为例，在该软件中有个非常不错的功能："自定义密码欺骗端口设置"，你可以用它来自定义开启 10 个端口以监听扫描。

1.1.3　Ping 命令

Ping 命令是我们在判断网络故障常用的命令，但你真正明白这个命令运行后会发生什么，以及出现的各种信息说明了什么吗？其实熟练掌握 Ping 命令的各种技巧可以帮助你解决很多网络故障。下面我们就来详细了解一下 Ping 命令。

它是用来检查网络是否通畅或者网络连接速度的命令。作为一个与网络联系密切的管理员或者黑客来说，Ping 命令是第一个必须掌握的 DOS 命令。它的原理是这样的：网络上的机器都有唯一确定的 IP 地址，我们给目标 IP 地址发送一个数据包，对方就要返回一个同样大小的数据包。根据返回的数据包我们可以确定目标主机的存在，从而初步判断目标主机的操作系统等信息。下面就来看看它的一些常用的操作。先看帮助，在 DOS 窗口中键入：ping / ? 回车，出现如图 1-4 所示的帮助画面。

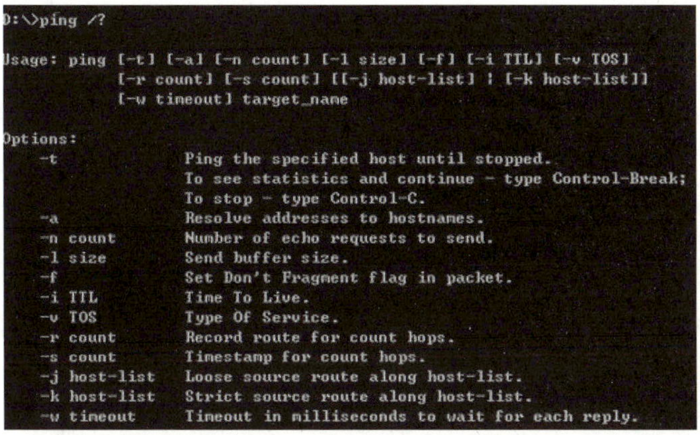

图 1-4

在此，我们只要掌握一些基本的有用参数就可以了。

-t 表示不间断地向目标 IP 发送数据包，直到我们强迫其停止。试想，如果你使用 100M 的宽带接入，而目标 IP 是 56K 的小"猫"，那么要不了多久，目标 IP 就因为承受不了这么多的数据而掉线，那么，一次攻击就这么简单地实现了。

-l 定义发送数据包的大小，默认为 32 字节，可以利用它最大定义 65 500 字节。结合上面介绍的 -t 参数一起使用，会有更好的效果。

-n 定义向目标 IP 发送数据包的次数，默认为 3 次。如果网络速度比较慢，3 次对我们来说也浪费了不少时间，因为现在我们的目的仅仅是判断目标 IP 是否存在，那么就定义为一次。说明一下，如果 -t 参数和 -n 参数一起使用，Ping 命令就以位于后面的参数为标准，比如 Ping IP -t -n 3，虽然使用了 -t 参数，但并不是一直 Ping 下去，而是只 Ping 3 次。另外，Ping 命令不一定非得 Ping IP，也可以直接 Ping 主机域名，这样就可以得到主机的 IP 了。

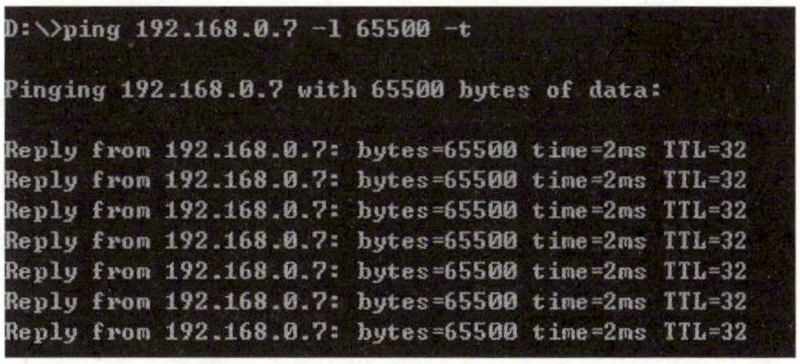

下面我们举个例子来说明具体用法，如图 1-5 所示。这里 time=2ms 表示从发出数据包到接收到返回数据包所用的时间是 2 毫秒，从这里可以判断网络连接速度的快慢。从 TTL 的返回值可以初步判断被 Ping 主机的操作系统，之所以

图 1-5

说"初步判断"是因为这个值是可以修改的。这里 TTL=32 表示操作系统可能是
Windows 98。

1.1.4 IPConfig

IPConfig 实用程序可用于显示当前的 TCP/IP 配置的设置值。这些信息一般
用来检验人工配置的 TCP/IP 设置是否正确。但是，如果你的电脑和所在的局
域网使用了动态主机配置协议（Dynamic Host Configuration Protocol，DHCP，
Windows NT 下一种把较少的 IP 地址分配给较多主机使用的协议，类似于拨号上
网的动态 IP 分配），这个程序所显示的信息也许更加实用。

1. 常用选项

当使用 ipconfig 命令时不带任何参数选项，那么它显示每个已经配置了的接
口的 IP 地址、子网掩码和缺省网关值。

参数简介（也可以在 DOS 方式下输入 ipconfig / ? 进行参数查询）如下。

- ipconfig /all：显示本机 TCP/IP 配置的详细信息。
- ipconfig /release：DHCP 客户端手工释放 IP 地址。
- ipconfig /renew：DHCP 客户端手工向服务器刷新请求。
- ipconfig /flushdns：清除本地 DNS 缓存内容。
- ipconfig /displaydns：显示本地 DNS 内容。
- ipconfig /registerdns：DNS 客户端手工向服务器进行注册。
- ipconfig /showclassid：显示网络适配器的 DHCP 类别信息。
- ipconfig /setclassid：设置网络适配器的 DHCP 类别。

2. 举例说明

在 RUN（运行）窗口中输入 CMD，打开 DOS 窗口。

在盘符提示符中输入 ipconfig /all 后回车。

显示如下（若想查自己或网络中存在的网络信息就用这种方法）：

Windows IP Configuration【Windows IP 配置】（中文意思，下同）

Host Name............: PCNAME【域中计算机名、主机名】

Primary Dns Suffix.......:【主 DNS 后缀】

Node Type............: Unknown【节点类型】

IP Routing Enabled........: No【IP 路由服务是否启用】

WINS Proxy Enabled........: No【WINS 代理服务是否启用】

Ethernet adapter:【本地连接】

Connection-specific DNS Suffix :【连接特定的 DNS 后缀】

Description...........: Realtek RTL8168/8111 PCI-E Gigabi【网卡型号描述】

Physical Address.........: 00-1D-7D-71-A8-D6【网卡 MAC 地址】

DHCP Enabled...........: No【动态主机设置协议是否启用】

IP Address............: 192.168.90.114【IP 地址】

Subnet Mask...........: 255.255.255.0【子网掩码】

Default Gateway.........: 192.168.90.254【默认网关】

DHCP Server.........: 192.168.90.88【DHCP 管理者的子 IP 地址】

DNS Servers...........: 221.5.88.88【DNS 服务器地址】

1.1.5　NetSH

NetSH（Network Shell）是 Windows 系统本身提供的功能强大的网络配置命令行工具，它允许从本地或远程显示或修改当前正在运行的计算机的网络配置。NetSH 还提供了一个脚本功能，对于指定计算机，可以通过此功能以批处理模式运行一组命令。为了存档或配置其他服务器，NetSH 也可以将配置脚本保存在文本文件中。

1. 命令

C:\>netsh ?

用法：

netsh［-a AliasFile］［-c Context］［-r RemoteMachine］［-u［DomainName］UserName］［-p Password | *］［Command | -f ScriptFile］

2. 实用操作——管理学校机房

网络环境：ADSL 接入，通过 ISP 上网，上网服务器 :win2ks+isa2k。

• IP:192.168.0.1subnetmask:255.255.255.0

DNS 为 ISP 的 DNS IP:202.101.10.10。

客户机全部 win2kpro（并装有还原卡）。

• IP:192.168.0.2 ～ 192.168.0.102，子网掩码：255.255.255.0

网关和 DNS 都为代理服务器的 IP：192.168.0.1。

学校规定：学生账号不能登录 Internet，而老师通过自己账号登录则可以连接 Internet。多数情况下，上网权限的控制都是通过 IP 地址来实现的，也就是说同一台电脑，学生用过后，如果老师使用时要连接 Internet 的话，就必须更改计算机的 IP 地址。

在默认情况下，客户机全部不能连接 Internet 的，ISA 的规则是禁止192.168.0.2 ～ 192.168.0.102 的 IP 地址 Internet，另外，ISA 再创建一规则，允许

192.168.0.103 ～ 192.168.0.203 连接 Internet。

这时，NetSH 派上用场了，我们在客户机 PC18 上运行 CMD 进入 MS-DOS，输入以下命令。

netsh -c interface ip dump > c:\NetPC.TXT

该命令是显示当前本地连接的接口 IP 配置，并保存在 NetPC.TXT 文本文件中。查看一下 c:\NetPC.TXT 这个文件，显示当前本地连接的接口的 IP 配置如下：

```
TPYE c:\NetPC.TXT
# ----------------------------------
# 接口 IP 配置
# ----------------------------------
pushd interface ip
# 本地连接的接口 IP 配置
set address name="本地连接" source=static addr=192.168.0.18 mask=255.255.255.0
set address name="本地连接" gateway=192.168.0.1 gwmetric=0
set dns name="本地连接" source=static addr=192.168.0.1 register=PRIMARY
add dns name="本地连接" addr=202.101.10.10 index=2
set wins name="本地连接" source=static addr=none
popd
# 接口 IP 配置结束
```

我们打开 NetPC.TXT 这个文件，把 addr=192.168.0.18 的 IP 改为 addr=192.168.0.118，再保存。

然后，在老师账户的桌面上创建一个 IP.BAT 文件，输入 netsh -f c:\NetPC.TXT。

用老师的账户登录后，双击桌面上的 IP.BAT 文件，再用 ipconfig /all 看看结果，显示 IP 地址换成 192.168.0.118 了，别的配置都没有变。

我们知道，192.168.0.103 ～ 192.168.0.203 的 IP 地址是可以上网的。也就是说，如果老师想上网的话，只要双击 IP.BAT 这个文件就可以了。

以上的设置是在 PC18 这台机器上做的，如果我们要在别的机器上设置，我们只要把 NetPC.TXT 这个文件里的 IP 地址换成 192.168.0.103 ～ 192.168.0.203 的 IP，再新建一个 IP.BAT 文件即可，内容可以一样。不过要注意 NetPC.TXT 这个文件的路径。补充一点，老师账户为管理员组，学生账户为普通用户组。

通过以上设置，基本上达到我们的目的，即老师上机的时候，只要双击桌面上 IP.BAT 这个文件，IP 地址就会换成 192.168.0.103 ～ 192.168.0.203 这个网段的 IP，也就是说可以上网了。电脑重启后，因为有还原卡，机器又会变成 192.168.0.2 ～ 192.168.0.102 这个网段的 IP，也就不能上网了。通过 NetSH 这个命令，可以为我们免去一些繁琐的事情。

1.1.6　Telnet

Telnet 是进行远程登录的标准协议和主要方式，它为用户提供了在本地电脑上操纵远程主机工作的能力。可以用 telnet 命令来测试端口号是否正常，是打开还是关闭状态。

步骤如下：

（1）单击计算机的"开始"菜单→"运行"，输入 CMD 命令，然后按回车确定。打开 cmd 命令行，输入 telnet 测试端口命令：telnet IP 端口或者 telnet 域名端口，如图 1-6 所示。

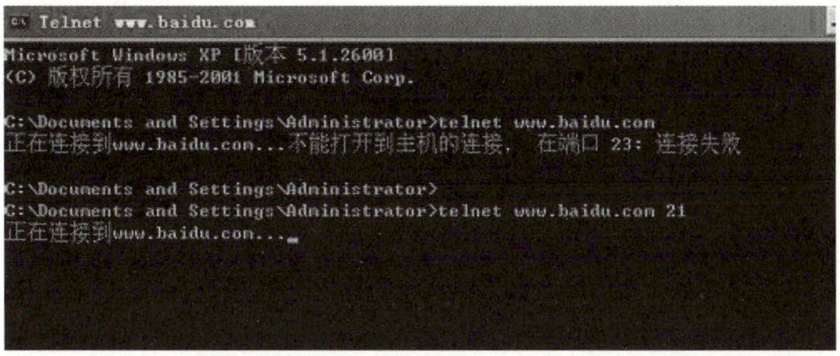

图 1-6

（2）如果端口关闭或者无法连接，则显示"不能打开到主机的连接，连接失败"，如图 1-7 所示。

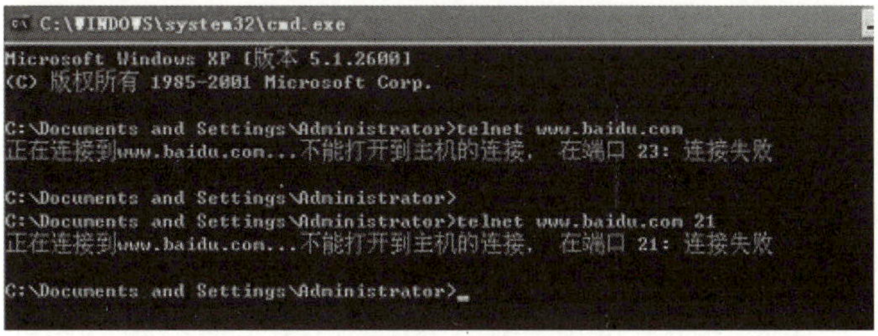

图 1-7

（3）端口打开的情况下，连接成功，则进入 telnet 页面（全黑的），证明端口可用，如图 1-8 所示。

图 1-8

1.1.7　网络端口

在网络技术中，端口（Port）大致有两种意思：一是物理意义上的端口，如 ADSL Modem、集线器、交换机、路由器这些用于连接其他网络设备的接口，如 RJ-45 端口、SC 端口等；二是逻辑意义上的端口，一般是指 TCP/IP 协议中的端口，端口号为 0 ~ 65535，比如用于浏览网页服务的 80 端口，用于 FTP 服务的 21 端口等。

1.　端口分类

按端口号可分为 3 大类：

（1）公认端口（Well Known Ports）：0 ~ 1023。它们紧密绑定（binding）于一些服务。通常这些端口的通信明确表明了某种服务的协议。例如：80 端口实际上总是用于 HTTP 通信。

（2）注册端口（Registered Ports）：1024 ~ 49151。它们松散地绑定于一些服务。也就是说，有许多服务绑定于这些端口，这些端口还用于许多其他目的。例如：许多系统处理动态端口从 1024 左右开始。

（3）动态和 / 或私有端口（Dynamic and/or Private Ports）：49152 ~ 65535。理论上，不应为服务分配这些端口。实际上，机器通常从 1024 起分配动态端口，但也有例外：SUN 的 RPC 端口从 32768 开始。

2.　各个端口的用途

一些端口常常会被黑客利用，还会被一些木马病毒利用，进而对计算机系统进行攻击。以下介绍计算机端口的，以及防止被黑客攻击的基本办法。

1）8080 端口

（1）端口说明：8080 端口同 80 端口，是用于 WWW 代理服务的，可以实现网页浏览，经常在访问某个网站或使用代理服务器的时候，会加上 ":8080" 端口号。

（2）端口漏洞：8080 端口可以被各种病毒程序所利用，比如，Brown Orifice（BrO）特洛伊木马病毒可以利用 8080 端口完全遥控被感染的计算机。另外，RemoConChubo、RingZero 木马也利用该端口进行攻击。

（3）操作建议：一般使用 80 端口进行网页浏览，为了避免病毒的攻击，可以关闭该端口。

2）21 端口

服务：FTP。

说明：FTP 服务器所开放的端口用于上传、下载数据。最常见的攻击者用于寻找打开 anonymous 的 FTP 服务器的方法。这些服务器带有可读写的目录。木马 Doly Trojan、Fore、Invisible FTP、WebEx、WinCrash 和 Blade Runner 都开放了这个端口。

3）22 端口

服务：Ssh。

说明：PcAnywhere 建立的 TCP 和这一端口的连接可能是为了寻找 Ssh。这一服务有许多弱点，如果配置成特定的模式，许多使用 RSAREF 库的版本就有不少的漏洞可被利用。

4）23 端口

服务：Telnet。

说明：远程登录，入侵者搜索远程登录 UNIX 的服务。大多数情况下，扫描这一端口是为了找到机器运行的操作系统。使用其他技术，入侵者也会找到密码。木马 Tiny Telnet Server 就开放这个端口。这个端口经常被黑客利用。

5）25 端口

服务：SMTP。

说明：SMTP 服务器所开放的端口用于发送邮件。入侵者寻找 SMTP 服务器是为了传递他们的 SPAM。入侵者的账户被关闭，他们需要连接到高带宽的 E-MAIL 服务器上，将简单的信息传递到不同的地址。木马 Antigen、Email Password Sender、Haebu Coceda、Shtrilitz Stealth、WinPC、WinSpy 都开放这个端口。

1.1.8　网络协议

一个德国人和一个中国人想要聊天，但是中国人不懂德语，德国人不懂汉语，这个问题怎么解决呢？幸好两个人都懂英文，所以他们不需要翻译就可以用英语交流。计算机网络将世界上各地的人和计算机连接起来，两个计算机之间也要使用计算机都懂的方式才能交流，全世界计算机都懂的交流方式就是网络协议。

IP 地址其实是网际协议（Internet Protocol，IP）最重要的功能，几乎所有的 Internet 数据都使用了这个协议。IP 协议要求数据包记录数据是从哪里来的和要到哪里去，也就是数据包的源 IP 地址和目的 IP 地址。

（1）使用百度我们可以查到自己在 Internet 中使用的 IP 地址是什么，如图 1-9 所示。

图 1-9

TCP（Transmission Control Protocol）称为传输控制协议，是 IP 的上层协议，也就是 IP 协议里面的一层"信封"。TCP 提供了一种面向连接的、可靠的数据流服务。TCP 协议也要求数据包记录数据是从哪里来的和要到哪里去，在这里将被记录的是数据包的源端口和目的端口。

我们可以认为端口是计算机与外界通信交流的出入口。假设计算机是公寓，IP 则是大楼的门禁卡，端口号是门牌号，数据包就是里面的住户。只有大楼门禁和门牌号都找对了的住户才能进入公寓。显然计算机为人们提供了众多的服务，每一项服务都来自于不同的 IP 和端口，这也是十分高效的原因之一。

（2）netstat 用于显示网络协议的统计数据，一般用于检验本机各端口的网络连接情况，也可以查看当前所有开放的端口的使用情况，如图 1-10 所示。

图 1-10

1.2 任务实施

1.2.1 主机信息探测实验

> **小贴士：**
>
> Microsoft 基线安全性分析器（MBSA）和 X-Scan 都是有名的扫描漏洞软件，用于扫描计算机上的不安全配置。其中 X-Scan 由国内著名的民间黑客组织"安全焦点"制作。

实验步骤

（1）小李将自己的计算机连入公司的局域网中，打开 X-Scan 软件并进入操作页面，如图 1-11 所示。

图 1-11

（2）小李进行各种扫描参数的设置，他将 IP 地址范围限制为 100.10.10.21 ～
100.10.10.24，扫描的内容设置为各种弱口令、CGI 漏洞等。

小贴士：

图 1-12 ～ 图 1-15 中的各种设置都是现在比较常见的网络漏洞，如果这些漏洞
没有得到有效的处理，将很容易被黑客利用，并受到安全攻击。

图 1-12

图 1-13

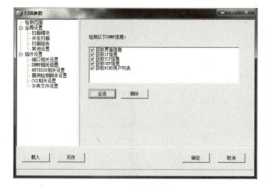

图 1-14

图 1-15

（3）小李在配置好各项内容之后单击开始按钮，开始扫描，如图 1-16 所示。

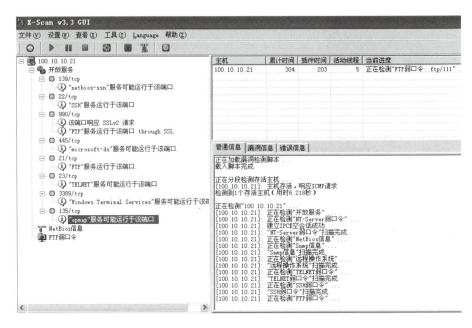

图 1-16

（4）经过了很长一段时间的扫描，X-Scan 生成了实验报告，如图 1-17 所示。小李看到公司里面的计算机存在很多的安全问题，需要及时解决。

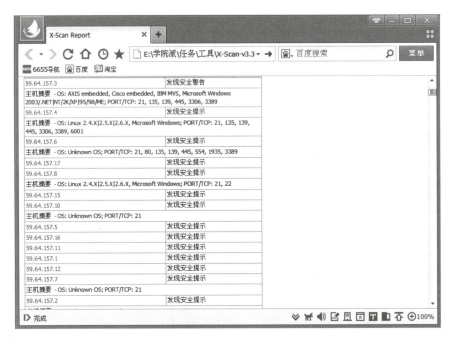

图 1-17

（5）小李使用 X-Scan 对公司的计算机扫描之后，查出来很多的问题，他将这些问题写成一个报告，打算尽快解决。

1.2.2　端口服务探测实验

小贴士：

　　ScanPort、SuperScan、nmap 等工具都是现在比较常用的端口扫描工具，可以扫描自己或别人计算机上各个协议端口的开放情况。

实验步骤

（1）使用手动方式查看服务器已经开放的端口服务。使用 netstat-a-n 命令查看本机开放的端口，如图 1-18 所示。

图 1-18

（2）使用 netstat-a-n-o 命令查看本机开放的端口，以及使用该端口进行网络连接的进程 ID，如图 1-19 所示。

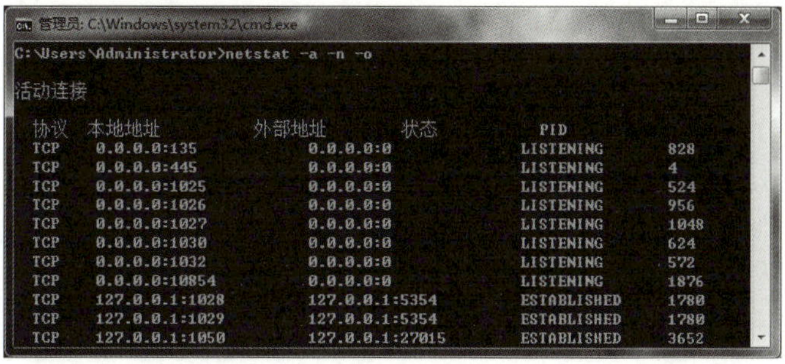

图 1-19

（3）打开命令行窗口，输入命令"netstat-aon|findstr 80"，其中 80 为端口号，就可以得到在本机中正在使用 80 端口的进程 PID。

（4）使用 tasklist |findstr 3504 命令看到，3504 是一个浏览器进程。使用 tasklist /T /F /PID 3504 结束了该浏览器程序，再次查找这个进程已经不存在了，如图 1-20 所示。

（5）如果觉得手动的方法检查端口效率太低，可以使用 ScanPort 工具进行端口扫描。打开 ScanPort 工具，对扫描目标、端口号、线程数等进行配置。IP 配置为 100.10.10.21 ～ 100.10.10.24，右侧扫描结果窗口显示每一台主机打开的端口号，如图 1-21 所示。

图 1-20

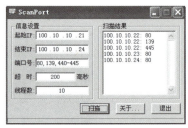

图 1-21

（6）打开 SuperScan 工具，配置目标 IP 地址与 ScanPort 相同，根据前面扫描出来的端口号配置端口扫描选项，如图 1-22、图 1-23 所示。

图 1-22

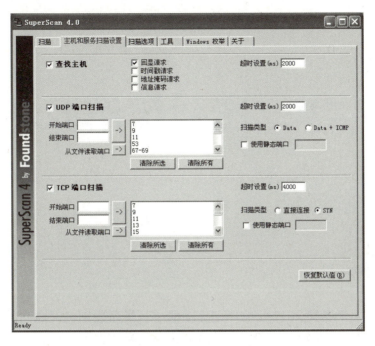

图 1-23

（7）端口扫描在计算机网络扫描中是一种比较容易实现的功能，很多工具都提供了该功能，包括 X-scan、Zenmap 等。其中 Zenmap 是一款功能强大的扫描器，提供了比较全面的扫描方式。扫描的过程中我们也需要对 IP 和端口进行设置，如图 1-24 所示。

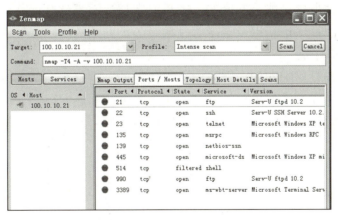

图 1-24

第二章 密码破解技术

2.1.1 现实场景

在 2011 年年底到 2012 年的年初，上演了一场席卷国内互联网的用户信息大规模泄漏事件，国内多家知名网站陆续曝出密码数据泄露事件，很多用户中招，人们纷纷连夜修改密码，一时间搞得人心惶惶。据说有上亿网民的账户密码被泄露，这成为中国互联网有史以来最大的信息泄露事件。用户信息与密码安全问题成为人们热议的焦点话题。

事件要追溯到进入 2012 年倒计时的最后 10 天里，国内知名开发者社区 CSDN 曝出被黑客攻击的消息，在此次攻击中，共有 600 万用户的个人信息被泄露，其中包括注册邮箱账号和密码。随后，数据泄露事件开始蔓延到社交网站、电子商务网站、社区论坛以及金融等领域，各类网站的用户账号密码信息瞬间泄露，甚至被公开下载。

账号和密码是保护我们在网络中个人信息的一道壁垒，但是就目前的情况来看，密码提供的安全性似乎也不是那么坚不可摧。到底密码是怎样保护着我们账户的安全，而它又是怎么被攻破的呢？下面让我们一起走进密码学的世界，了解它的奥秘。

2.1.2 任务描述

小林是一家提供在线课程服务的网站的管理员，近一段时间来，一些同类的网站发生了用户账户信息泄露的事件，用户们开始担心自己的账户密码是否会泄露，希望网站能够加强用户账户信息的防护。因此，网站领导要求小林对最近发生的密码数据泄露事件进行调查，了解密码泄露的情况以加强网站自身的账户密码安全强度。请你与小林一起对密码及其攻击方法进行学习研究，以应对可能发生的密码攻击。

2.2 学习目标

（1）了解密码学的基本原理和简单的加密方法。
（2）了解密码破解的危险性。

2.3 基础知识

2.3.1　密码学

人多少都有些爱打探别人私事的天性，有的是为了满足自己的好奇心，有的是为了从中获取利益。另一方面人们又都有保留隐私的需要，在特定的条件下，这已成为生存的必要条件之一。将探密和反探密运用到政治、军事、商业等领域，就发展为一门科学：密码学。

密码的历史几乎和文明的历史一样悠久。自从人们觉得有些东西应当保密以后，便发明并使用了密码。可以说，密码是一种文化在文学、科学和语言发达到一定的复杂程度，当秘密的、符号性的信息交流达到不可或缺的阶段应运而生的一种信息交流的特殊工具。而密码学是研究编制密码和破译密码的科学。研究密码变化的客观规律，应用于编制密码以保守通信秘密的，称为编码学；应用于破译密码以获取秘密情报的，称为破译学，二者总称为密码学。

只要有宝藏的藏匿者，就会有宝藏的探寻者。密码学的发展史就是一部密码的编码者和破译者相互争强斗胜的历史。

1. 古代的密码学

古代的密码学又称为古典密码。古典密码有着悠久的历史，从古代一直到计算机出现以前，古典密码学主要有两大基本方法。

1）代替密码

就是将明文的字符替换为密文中的另一种字符，接收者只要对密文做反向替换就可以恢复明文的内容。

在经典密码学中，有以下4种类型的代替密码：

（1）简单代替密码（Simple Substitution Cipher），又称单字母密码。明文的一个字符用相应的一个密文字符代替。凯撒密码就是一种简单的代替密码，它的每一个明文字母都由其右边第三个字母代替。ROT13是建立在UNIX系统上的简单的加密程序，它也是简单代替密码。在这种密码中A被N代替，B被O代替，以此类推，每个字母是环移 13 所对应的字母。用 ROT13 加密文件两遍便可恢复出原始的文件：P=ROT13（ROT13（P））。简单代替密码很容易破解，因为它没有将明文的不同字母的出现频率掩盖起来。

（2）多名码代替密码（Homophonic Substitution），它与简单代替密码相似，只是一对多映射，每个明文字母可以加密成多个密文字母。

例如，A 可能对应于 5、13、25；B 可能对应于 7、9、31、42。

当对字母的赋值个数与字母出现频率成比例时，安全性将有所提高。这是因为密文符号的相关分布会近似于平均的，可以抵御频率分析。多名码代替密码比简单代替密码难破译，但仍不能掩盖明文语言的所有统计特性，用已知明文攻击，较容易破解，但用唯密文攻击要困难些。

（3）多字母代替密码（Polygram Cipher），即字符块被成组加密。

例如，ABA 可能对应于 RTQ，ABB 可能对应于 SLL，等等。

Playfair 在 1854 年发明了 Playfair 密码。在第一次世界大战中英国人就使用了这种密码。Playfair 将明文中的双字母组合作为一个单元对待，并将这些单元转换为密文的双字母组合。I 与 J 视为同一字符，5×5 变换矩阵如下

```
C   I   P   H   E
R   A   B   D   F
G   K   L   M   N
O   Q   S   T   U
V   W   X   Y   Z
```

加密规则是按成对字母加密，规则为"相同对中的字母加分隔符（如 x），同行取右边，同列取下边，其他取交叉"。例如下面的分组加密方法。

明文：balloon 单词中的 ll 为相同字符，所以分组为 ba lx lo on。

明文：he、h 和 e 在矩阵中同一行，都取右边的字符，密文为 EC。

明文：dm、d 和 m 在矩阵中同一列，都取下面的字符，密文为 MT。

明文：kt、k 和 t 在矩阵中不同行也不同列，取交叉顶点上的字符，密文为：MQ。

明文：OD、O 和 D 在矩阵中不同行也不同列，取交叉顶点上的字符，密文为：TR。

以这个 5×5 变换矩阵为例，对单词进行加密，加密结果如表 2-1 所示。

表 2-1

明文	分组	密文
balloon	ba lx lo on	db sp gs ug
book	bo ok	sr qg
fill	fi lx lx	ae sp sp

Playfair 密码算法有 26×26=676 种字母对组合，字符出现概率一定程度上被均匀化，可以抵御基于字母频率的攻击，但它依然保留了相当的结构信息。

（4）多表代替密码（Polyalphabetic Substitution Cipher）由多个简单的代替密码构成，例如，可使用 5 个不同的简单代替密码，单独一个字符用来改变明文的每个字符的位置。多表代替密码由 Loen Battista 在 1568 年发明，另外，维吉尼亚（Vigenére）密码、博福特（Beaufort）密码、滚动密钥（running-key）密码、弗纳姆（Vernam）密码、转轮机（rotor machine）都属于多表代替密码。

2）置换密码

又称易位密码，明文的字母保持相同，但顺序被打乱了。

在简单的纵行置换密码中，把明文按列写入，按行读出，而密钥事实上由两方面信息组成：行宽、列高，读出顺序默认从左到右。一个简单纵行置换密码如下：

明文：computer graphics may be slow

按照列宽 10 个字符的方式写出如下：

c o m p u t e r g r

a p h i c s m a y b

e s l o w

可以得到密文：caeopsmhlpioucwtsemragyrb。

下面是一个由密钥确定读出顺序的例子，再加上密钥。

密钥：	3	4	2	1	5	6	7
明文：	a	t	t	a	c	k	p
	o	s	t	p	o	n	e
	d	u	n	t	i	l	t
	w	o	a	m	x	y	z

按照密钥大小的顺序，按照列的字符得到密文如下：

TTNAAPTMTSUOAODWCOIXKNLYPETZ。

• 替换密码实例——转轮机

20 世纪 20 年代，出现了转轮密码，而由德国发明家亚瑟·谢尔比乌斯发明的 Enigma 密码机最为著名。它主要由经电线相连的键盘、转子和显示器组成，转子本身也集成了 26 条线路（在图 2-1 中显示了 6 条），把键盘的信号对应到显示器上不同的小灯上去。从图 2-1 中可以看到，如果按下 a 键，那么 B 灯就会亮，这意味着 a 被加密成了 B。同样地，我们看到，b 被加密成了 A，c 被加密成了 D，d 被加密成了 F，e 被加密成了 E，f 被加密成了 C。如果我们在键盘上依次键入 cafe（咖啡），显示器上就会依次显示 DBCE，这是最简单的加密方法之一——简单替换密码。

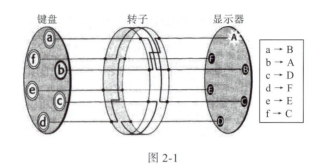

图 2-1

不仅仅如此,因为当键盘上一个键被按下时,相应的密文在显示器上显示,然后转子的方向就自动地转动一个字母的位置(在图中就是转动 1/6 圈,而在实际中转动 1/26 圈)。图 2-2 表示了连续键入 3 个 b 的情况。

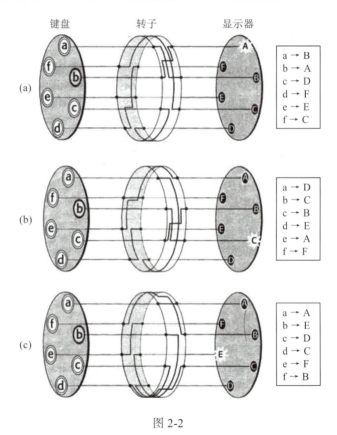

图 2-2

当第一次键入 b 时,信号通过转子中的连线,A 灯亮起来,放开键后,转子转动一格,各字母所对应的密码就改变了;第二次键入 b 时,它所对应的字母就变成了 C;同样地,第三次键入 b 时,E 灯闪亮。

为使机器更安全,可以把几种转轮和移动的齿轮结合起来。因为所有转轮以不同的速度移动,n 个转轮的机器的周期是 26n。为进一步阻止密码被破译,有些转轮机在每个转轮上还有不同的位置号。

德国人为了战时使用 Enigma，大大改进了其基本设计，军用的 Enigma 有 3 个转轮，从 5 个转轮中选取。转轮机中还有一块稍微改变名明文序列的插板，有一个反射器导致每个转轮对每一个明文字母操作两次，结构如图 2-3 所示。

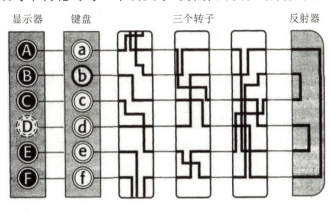

图 2-3

于是转子自身的初始方向、转子之间的相互位置，以及连接板连线的状况就组成了所有可能的密钥：3 个转子不同的方向组成了 26×26×26=17 576 种不同的可能性；3 个转子间不同的相对位置有 6 种可能性；连接板上两两交换 6 对字母的可能性数目非常巨大，有 100 391 791 500 种；于是一共有 17 576×6×100 391 791 500，大约为 10 000 000 000 000 000，即一亿亿种可能性。

但如此复杂的密码机在第二次世界大战中被破解了，首先是波兰人利用德军电报中前几个字母的重复出现，破解了早期的 Enigma 密码机，而后又将破译的方法告诉了法国人和英国人。英国人在计算机理论之父——图灵的带领下，通过寻找德国人在密钥选择上的失误，并利用夺取德军的部分密码本，获得密钥，采用选择明文攻击等手段，破解出相当多非常重要的德军情报。

不是所有的加密方法都使用了代替或者置换的方法。这里就来介绍几种有趣的古代加密方法，它们有的基于代替或者置换的原理，而有的则体现出了古人智慧的光芒。

· 滚桶密码

在古代，人们为了确保他们的通信的秘密，曾有意识地使用一些简单的方法对信息进行加密。例如：公元 6 年前的古希腊人使用一根叫 scytale 的棍子对信息进行加密。送信人先将一张羊皮条绕棍子螺旋形卷起来，然后把要写的信息按某种顺序写在上面，然后打开羊皮条卷，通过其他渠道将信送给收信人。如果不知道棍子的粗细就无法解密里面的内容，但是收信人可以根据事先和写信人的约定，用同样的 scytale 的棍子将书信解密。

如图 2-4 所示，缠棍子是算法，棍子的粗细是密钥。

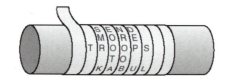

图 2-4

曾有这样一个故事：斯巴达是古希腊的一个城邦，里面的人以骁勇善战著称。有一天，距城很远的兵营中来了一个专程从斯巴达城赶来送信的奴隶，兵营中有位名叫莱桑德的将军读了信以后，感到很失望，因为信中毫无重要消息，就随手把它扔到一边去了。可是，刹那间，将军锐利的目光好像发现了什么，他立即命令侍卫人员暂时回避，然后对这个奴隶说："把腰带给我。"这是一条普通的腰带，只是与通常的略有不同，在腰带周围雕刻着一串字母，看上去毫无意义，大概只是作为装饰之用罢了。但当将军把腰带螺旋式地绕在一根棍棒上时，奇迹出现了。显现在棍棒上的字母不再是无意义的了。它告诉将军一个极端重要的消息：斯巴达当时的同盟者波斯人正在搞阴谋，企图谋反夺权。于是将军立即带着他的队伍急速返回斯巴达城，粉碎了这起叛乱。

- 凯撒（Caesar）密码

公元前 50 年，凯撒大帝发明了一种密码，叫作凯撒密码。在凯撒密码中，每个字母都与其后第三位的字母对应，然后进行替换，比如"a"对应于"d"，"b"对应于"e"，以此类推。如果到了字母表的末尾，就回到开始，例如："z"对应于"c"，"y"对应于"b"，"x"对应于"a"，如此形成一个循环。当时罗马的军队就用凯撒密码进行通信。

凯撒密码明文字母表：A B C D E F G ……X Y Z

凯撒密码密文字母表：D E F G H I J ……A B C

于是就可以从明文得到密文。比如：明文为"veni，vidi，vici"，得到的密文为"YHAL，YLGL，YLFL"，意思是"我来，我见，我征服"，这句话曾经是凯撒征服本都王法那西斯后向罗马元老院宣告的名言。

26 个字符代表字母表的 26 个字母。但从一般意义上说，也可以使用其他字符表，一一对应的数字也不一定是 3，可以选其他数字。

例如：

明文为 battle on Sunday，密文为 wvoogz gi Npiyvt（将字母依次后移 5 位）。

2. 密码学的发展

随着工业革命的兴起，密码学也进入了机器时代、电子时代。与人手操作相比，电子密码机使用了更先进、更复杂的加密手段，同时也有更高的加密解密效率。

其中最具有代表性的就是 Enigma。在这个时期，虽然加密设备有了很大的进步，但是密码学的理论却没有多大的改变，加密的主要手段仍是替代和换位。

　　计算机的出现使密码进行高度复杂的运算成为可能。直到 1976 年，为了适应计算机网络通信和商业保密的要求，产生了公开密钥密码理论，密码学才在真正意义上取得了重大突破，进入近代密码学阶段。近代密码学改变了古典密码学单一的加密手法，融入了大量的数论、几何、代数等知识，使密码学得到更蓬勃的发展。

　　到了现在，世界各国仍然对密码的研究高度重视，已经发展到了现代密码学阶段。密码学已经成为结合物理、量子力学、电子学、语言学等多个专业的综合科学，出现了如"量子密码""混沌密码"等先进理论，在信息安全中起着十分重要的作用。

3.　什么是对称和非对称加密算法

　　前面我们已经提到，密码学是研究编制密码和破译密码的科学，用通俗的话来讲，密码学即是研究数据加密和解密的科学。

　　加密和解密的过程如图 2-5 所示。

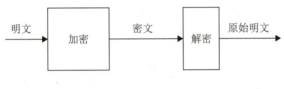

图 2-5

　　数据加密的基本过程就是对原来为明文的文件或数据按某种算法进行处理，使其成为不可读的一段代码，通常称为"密文"，使其只能在输入相应的密钥之后才能显示出本来内容，通过这样的方法来达到保护数据不被非法窃取、阅读的目的。将上述的这个过程逆过来，即利用密钥将密文解密为明文（原来的数据）的过程就是解密的过程。简单地理解，加密就是将明文变为密文，解密就是将密文变为明文。

　　数据在加密过程中会用到密钥，使用密钥并借助一定的加密算法才能将未加密的明文数据变为加密后的密文。根据对密钥使用的不同，加密的算法又分为对称加密和非对称加密两种。

　　对称加密（也叫私钥加密）指加密和解密使用相同密钥的加密算法，如图 2-6 所示。有时又叫传统密码算法，就是加密密钥能够从解密密钥中推算出来，同时解密密钥也可以从加密密钥中推算出来。而在大多数的对称算法中，加密密钥和解密密钥是相同的，所以也称这种加密算法为秘密密钥算法或单密钥算法。它要求发送方和接收方在进行通信之前，商定一个密钥。对称算法的安全性依赖于密钥，密钥泄露就意味着任何人都可以对他们发送或接收的消息解密，所以密钥的保密性对通信安全至关重要。

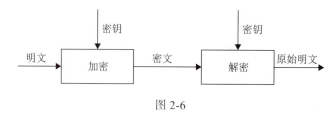

图 2-6

与对称加密不同，非对称加密算法需要两个密钥：公开密钥和私有密钥。公开密钥与私有密钥是一对，如果用公开密钥对数据进行加密，只有用对应的私有密钥才能解密；如果用私有密钥对数据进行加密，那么只有用对应的公开密钥才能解密。因为加密和解密使用的是两个不同的密钥，所以这种算法叫作非对称加密算法，如图 2-7 所示。

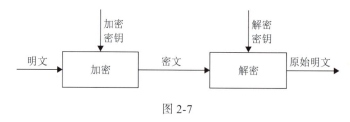

图 2-7

4. 哈希算法和哈希（Hash）值

除了加密算法，在密码学当中还会经常用到一种特殊的算法叫哈希算法。哈希算法就是将任意长度的二进制值映射为固定长度的较小二进制值，这个较小的二进制值称为哈希值。哈希值就像一段数值的指纹，唯一标识了该段数值。哪怕只更改明文当中的一个数据，随后的哈希算法都将产生不同的值。要找到哈希值为同一个值的两个不同的输入，在计算上来说基本上是不可能的。

2.3.2　Windows 中的密码

1. 用户名和口令

我们在使用 Windows 系统的时候，可以添加用户，并为自己的账户设置口令，即密码。当我们试图登录系统的时候，只有输入了正确的用户名和口令，Windows 系统才会允许我们进入。那么 Windows 是怎样通过用户名和口令验证我们身份的呢？这当中用到了 Windows NT 挑战 / 响应验证机制。

用户通过输入 Windows 用户名和口令登录客户端主机。在登录之前，客户端会存储输入口令的哈希值，原始口令会被丢弃。服务器端会对用户名和口令进行验证。

2. Windows 验证过程

　　成功登录客户端 Windows 的用户如果试图访问服务器资源，需要向对方发送一个请求。该请求中包含一个以明文表示的用户名。服务器接收到请求后，生成一个 16 位的随机数。这个随机数被称为质询。服务器在将该质询发送给客户端之前，该质询会先被保存起来。质询是以明文的形式发送的。客户端在接收到服务器发回的质询后，用已保存的密码的哈希值对其加密，然后再将加密后的质询发送给服务器。服务器接收到客户端发送回来的加密后的质询后，会对原始的质询进行加密。如果加密后的质询和服务器发送的一致，则意味着用户拥有正确的密码，验证通过，否则验证失败。

2.4 任务实施

2.4.1　Windows 系统本地密码破解实验

1. 实验目的及内容

【实验目的】

- 了解 Windows 系统密码的结构及构造原理。
- 了解 Windows 系统密码文件（SAM 文件）的相关知识。
- 掌握获取 Windows 用户密码 Hash 值的方法。
- 能够使用 Cain 等工具对 Windows 密码 Hash 值、SAM 文件进行破解。

【实验内容】

- 介绍 Windows 系统密码的加密算法。
- 使用 pwdump 等工具获取 Windows 系统密码 Hash 值。
- 使用 Cain 等工具对 Windows 系统密码进行破解。

【实验要求】

- 认真阅读并掌握本实验相关的知识点。
- 上机实现实验所提到的工具和操作，得到实验结果，并填写实验报告。

【实验环境】

　　实验所需环境如图 2-8 所示。

- Windows 操作系统。
- pwdump 工具。
- Cain 工具。

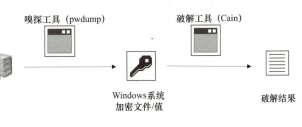

图 2-8

2. 实验步骤

小林为了了解网站用户名和密码被破解的方法，决定自己尝试进行密码破解，他决定从破解 Windows 的密码开始。Windows 系统对于 Windows 口令进行加密，生成一个 Hash 值，目前主要使用的口令加密算法是 Windows NT 挑战 / 响应验证机制（NTLM）。如果要破解 Windows 系统口令，首先需要做的就是获得 Windows 口令的 Hash 值，再由破解软件进一步进行破解。为了破解密码，小林先利用 pwdump 工具来获取 Windows 口令的哈希值。

（1）打开 Windows 的命令提示符窗口，找到 pwdump 所在的目录，输入 pwdump7-h，查看使用帮助，如图 2-9 所示。

图 2-9

（2）稍微了解了 pwdump，小林决定创建两个用来进行实验测试的账户，分别叫 test、test2。

（3）打开"用户账户"界面，test 设置了密码，test2 不设置密码，如图 2-10 所示。

图 2-10

（4）再次打开命令行窗口，用 cd 命令进入 pwdump7 所在文件夹，然后输入 pwdump，查看本机的账户口令的 Hash 值。如图 2-11 所示，本机原有账户 Administrator 以及新添加测试账户 test 的结果中 PASSWORD 后的字符串即为账户口令的 Hash 值，而新添加的测试账户 test2 结果中 PASSWORD 后为'*'，表示该账户没有口令。

图 2-11

（5）为了方便查看 Hash 值，使用 pwdump7>result.txt 命令将用户口令的 Hash 值导出到 result.txt 文件中，该文件保存在与 pwdump 软件相同的目录下，如图 2-12 所示。

图 2-12

（6）获得了用户口令的 Hash 值，可以对口令进行破解，用比较流行的 Cain 工具来完成系统账户口令的破解。

（7）在网上下载了 Cain 软件包，安装过程采用默认设置。Cain 工具需要 winpcap，如果系统中没有 wincap 的话那么 Cain 安装最后会提示安装 winpcap，默认安装即可。安装完成后打开 Cain 破解工具，选择 Cracker 选项卡，看到左侧的功能栏里包括多个破解选项，其中包括 LM&NTLM Hashes 和 NTLMv2 Hashes 两种破解方式，如图 2-13 所示。

（8）上面功能栏有很多加号按钮，单击这些按钮可以选择从本地系统导入 Hash 值（Import hashesfrom local system）、破解已知的 Hash 值（Import Hashes from a text file），或者导入 SAM 文件（Import Hashes from a SAM database）。选择从本系统中导入 Hash 值，如图 2-14 所示。Cain 检测到本机中所存在的账户。

图 2-13   图 2-14

（9）小林看到了系统中存在的好几个账户，如图 2-15 所示。他在想要破解的账户上单击右键，出现了可选择的具体破解方式，包括字典攻击、暴力破解、彩虹表匹配破解，且每种破解方式有多种密文选择。小林最终选择暴力破解（Brute-Force Attack），破解 LM Hashes，如图 2-16 所示。

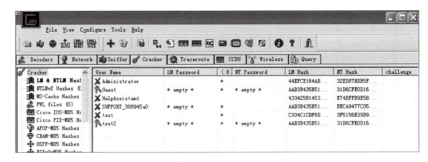

图 2-15

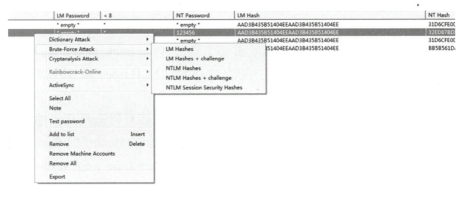

图 2-16

（10）选择了合适的破解方式，可以开始破解密码了，如图 2-17 所示。

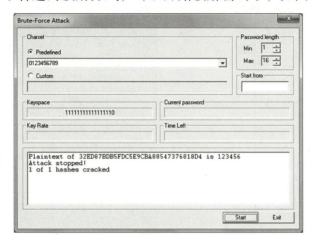

图 2-17

2.4.2　Windows Office 文件密码破解实验

1. 实验目的及内容

【实验目的】

• 了解 Office 文件加解密的基本原理。

• 使用 Advanced Office Password Recovery 工具进行 Office 解密。

【实验内容】

• 介绍 Office 文件加解密的基本方法。

• 使用 Advanced Office Password Recovery 工具破解 Office 密码。

【实验要求】

• 认真阅读并掌握本实验相关的知识点。

• 上机实现实验所提到的工具和操作，得到实验结果，并填写实验报告。

【实验环境】

• Windows office Word 软件。

• Advanced Office Password Recovery（AOPR）工具。

2. 实验步骤

（1）破解了系统用户的口令，尝试破解 Word 文件的口令。先对一个 Word 文件进行加密。选择了一个已经写好的简单文件 EncryptedDoc.doc，双击打开文件，在菜单栏上，选择"工具"选项卡，并在弹出的下拉菜单中选择"选项"，如图 2-18 所示。

（2）在弹出的对话框中选择"安全性"选项卡，输入打开文件使用的口令与修改文件所使用的口令，单击"确定"按钮保存设置，如图 2-19 所示。

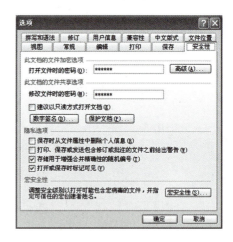

图 2-18　　　　　　　　　　　图 2-19

（3）尝试一下自己设置的密码是否有效。先关闭文件，再次打开文件，此时要输入密码才能打开，如图 2-20 所示。输入设置的打开密码后将文件打开，要编辑文件则还要输入编辑密码，如图 2-21 所示。

图 2-20　　　　　　　　　　　图 2-21

（4）破解 office doc 文件的准备工作已经就绪，用 Advanced Office Password Recovery（AOPR）工具来对加密口令文件进行破解。先双击打开这个工具，如图 2-22 所示。

（5）有好几种破解的方式，选择了其中的"暴力破解"方式，并对要破解的密码长度、字符集等破解选项进行设置，如图 2-23 所示。

图 2-22　　　　　　　　　　　　　　图 2-23

（6）设置好了之后，用 Advanced Office Password Recovery 工具打开想要破解的文件（EncryptedDoc.doc），等了一段时间，得到如图 2-24 所示结果。

图 2-24

2.5　阅览室

密码的攻与防

介绍一下常用的密码破解方法和防护对策。

1. 暴力破解

暴力破解是密码破解技术中最基本的一种方法，也叫暴力穷举，就是把所有的字母、数字等字符罗列组合成密码，然后逐个试探。暴力破解方法所消耗的时间跟密码复杂度成正比，再加上一些信息系统的连接限制和验证码技术，所以破解难度比较大，成功率也比较低。

防护方法：尽量设置复杂的、长度较长的密码。比如：同时使用大写字母、小写字母、数字、特殊字符（"-"、"_"、"~"、"@"、"#"、"$"、"^"）

等的组合式密码，且密码长度在 6 位以上。

2. 木马窃取

黑客把木马程序安装在用户的计算机上，将用户所有的鼠标操作、按键操作、窗口内容等都记录下来，并把记录的内容发送到远程网站或邮箱中。黑客通过对这些记录内容进行分析，就可以破解用户的密码。

防护方法：不要下载、安装或运行来历不明的软件；如果要下载软件，尽量到软件厂商的网站上下载免费版本；在接收和运行网友发送的程序之前，先弄清楚发送此程序的目的。当接收到特殊扩展名（如：.exe、.bat、.vbs）的文件时，尤其要当心。如果怀疑自己的计算机中了 QQ 盗号木马，可使用 QQ 的虚拟键盘输入密码，减少密码被窃取的风险。

3. 钓鱼网站

黑客模仿正规的网站建立了一个相似度极高的伪站点，并采用了与其相似的网址。比如：模仿兰州银行的网站 www.1zbank.com，钓鱼网站将网址设为 www.1zbank.com，即把网址中的字母"l"换成了数字"1"，没有"江湖经验"的用户从不在意网站的地址，以为这是正规的网站，就输入自己的银行账号和密码，结果这些信息就被黑客骗取了。

防护方法：不要在非正规的网站上完成银行交易，也不要在非正规网站所链接的网上银行进行交易（因为这个链接有可能是假的）。在浏览重要网站时，注意观察浏览器地址栏中的网址，仔细辨认其网址与正规网站的地址是否相同。

4. 密码嗅探

由于很多网站都是以非加密的方式传输的，黑客就利安装在局域网中的嗅探器来监听明码传输的密码。任何通过 HTTP、FTP、POP、SMTP、TELNET 协议传输的数据包都可被 Sniffer 程序监听。很多人习惯使用的微软 MSN 就是用明码传输信息的，所以其中的聊天内容很容易被监听，而 QQ 是加密传输的，不容易被监听。

防护方法：采用加密协议进行数据传输，比如：采用 HTTPS、SSH 等协议（网银交易的网站一般都是采用 Https 开头的网址，这就说明采用了 HTTPS 加密协议）。MSN 可以借助 MSN Shell 之类的加密工具，来实现信息的加密传输（通信对方也必须安装相同的加密工具）。

5. 密码记忆

大多数浏览器为了方便用户使用，都有记忆密码的功能，但其实这种被记录为星号（*）的密码是很容易被破解的。网上有很多密码恢复软件就能破译这种密码。

防护方法：不要使用浏览器的记忆密码功能，同时在其他信息系统中也尽量减少"记住密码"功能，因为这样容易导致用户忘记密码，或者有人不用输入密码就登录你的系统进行恶意操作。

6. 密码猜测

很多用户习惯采用"111111""123456"或者英语单词等简单字符组合作为密码，这些密码很容易被黑客猜到。还有人喜欢用自己的姓名拼音、生日、车牌号、工号等信息作为密码，这些密码也很容易被有心的"内鬼"猜到。很多著名的黑客破解密码并非用的什么尖端技术，而只是用到了密码心理学，从用户的心理入手，从细微之处分析用户的信息，分析用户的心理，从而更快地破解密码。

防护方法：不要使用这些简单的密码，尽量设置复杂的、不容易被人猜中的密码。不过自己要牢记密码。

7. 密码泄漏

由于缺乏安全意识，有人常常采用系统的初始密码，而不去设置自己定义的密码；为了出差或休假时的工作委托，有些用户常常会把自己的账号和密码告诉其他人；也有人将密码写在笔记本上，而笔记本又没有安全保存，从而导致密码的直接泄露。

防护方法：及时修改系统的初始密码；密码泄露或告诉他人后，要及时修改密码；如果将密码记录在笔记本上，应将它保存在安全的地方；提高修改密码的频次，养成定期修改密码的习惯；尽量使用系统中的授权委托功能。

8. 密码雷同

大多数用户习惯使用同一个密码来登录各个信息系统，这样只要其中一个信息系统的密码泄露，那其他系统的密码也就失去保密功能了。比如：CSDN 网站采用了明码保存密码方法（也就是说，网站程序将密码未经加密就保存在后台数据库中），当该网站被黑客攻破之后，网站所有会员的资料（包括密码）都被公之于众了。由于大多数用户在注册各类论坛、邮箱、博客、社交网站、网银时，使用了相同的用户名和密码，黑客就可以利用这些被泄露的会员资料进入用户其他系统的邮箱，盗取私人信息。

防护方法：各类信息系统中不要设置相同的密码，尤其是非正规的网站、临时注册的网站，不要使用与邮箱或网银相同的密码。现在很多网站使用邮箱地址作为用户名，那就更加需要保护好自己的密码。

9. 系统漏洞

如果操作系统或应用系统存在一定的系统漏洞，黑客不用在终端计算机上安装任何程序，只需通过远程攻击，即可获得密码。

防护方法：及时升级操作系统或应用系统，启用操作系统的密码强化策略，比如：强制使用复杂密码、限制错误密码登录次数、设置登录失败锁定时间等。

最后还要提醒大家的是，用户名和密码是保证信息安全的一对钥匙，两者缺一不可，两者的地位同样重要。大家在保护密码的同时，也要注意保护好自己的用户名，提高信息安全意识。

以下几种设计密码的方法好记又安全，用户不妨试一试。

（1）名字拼音和生日数字混编。很多人喜欢用自己姓名的拼音或生日数字作为密码，这样的密码非常容易识破。但如果你的密码中同时混合有名字拼音和生日数字，那么破解的难度将会陡增。两全齐美吧！

（2）英文中的两个单词混编。有一种破解密码的方法叫"词典攻击"，就是用词典中的每个单词进行试验破解，直至成功。如果你取英文中风马牛不相及的两个单词组合然后用数字等其他符号将二者连接起来，如 fat2red，则字典攻击法就无能为力了。

（3）名句字头字母作密码。每个人都会有自己喜欢的名言、警句、诗句、歌词，那么不妨用一个句子中每个字的拼音的第一个字母当作密码使用，当然要注意长度。比如，ysyhlJt（疑是银河落九天）、hxlsadm（好像老鼠爱大米），这样的密码破解起来也不容易。

（4）歌曲名称作为密码。比如，你很喜欢"生命因你而动听"这首歌，便可以将这首歌名的汉语拼音中每个字的第一个字母提取出来，然后以大写字母与小写字母交错的方式，交互排列在一起，这样就形成了一个 7 位数的密码 SmYnEdT，最后再加上一个特殊字符，如"#"，一个很难破解的 8 位数密码（SmYnEdT#）就设计好了。只要记住"生命因你而动听"这首歌就能够很轻松地记住这个密码。

第三章　网络欺骗技术

现实场景

2007～2008年期间，中国的各大高校纷纷受到了ARP欺骗攻击。在清华大学的校园BBS上，学生们抱怨学校宿舍网速太慢，并频频出现掉线现象。当时陆续有100多个宿舍网络端口被封闭，累计已经超过万台电脑感染了ARP欺骗病毒，给学生们的学习和生活，甚至是教师的办公带来了不利影响。位于安徽的中国科学技术大学也受到了这种病毒的影响，网络不可用对于现在的日常学习和生活往往会带来不可估量的恶果。

ARP欺骗病毒在2006年左右开始浮出水面，已经演变成了十几个变种，不仅造成局域网的通信故障，还会截取局域网内所有的通信数据。在全面查杀后过一段时间又会卷土重来。直到现在局域网内也常常会受到这个攻击的影响，给人们的工作和生活带来诸多不便，更是被在线公司视为祸害。

网络欺骗就是使攻击者相信网络信息系统存在有价值的、可利用的安全弱点，并具有一些可攻击窃取的资源，通过隐蔽、伪造信息或安插错误信息，从而将攻击者引向这些错误的资源。它能够显著地增加攻击者的工作量、复杂度以及不确定性，从而使攻击者不知道其攻击是否奏效或成功。而且，它允许防护者跟踪入侵者的行为，在入侵者之前修补系统可能存在的安全漏洞。

目前，网络欺骗技术主要有协议欺骗技术、蜜罐和蜜网技术、空间欺骗技术以及提高欺骗质量等手段。我们主要讲解协议欺骗技术。协议欺骗攻击技术是针对网络协议的缺陷，采用某种欺骗的手段，以截获信息或取得特权的攻击方式。主要的协议欺骗攻击方式有IP欺骗、ARP欺骗、DNS欺骗、源路由欺骗等。

1. IP 欺骗攻击

IP 欺骗技术就是通过伪造某台主机的 IP 地址骗取特权，进行攻击的技术。许多应用程序认为如果数据包能够使其自身沿着路由到达目的地，而且应答包也可以回到源地，那么源 IP 地址一定是有效的，而这正是使源 IP 地址欺骗攻击成为可能的前提。

假设同一网段内有两台主机 A、B，根据 TCP/IP 协议，A 和 B 之间通信需要进行"三次握手"，如图 3-1 所示，另一网段内有主机 X。B 授予 A 某些特权。X 为获得与 A 相同的特权，所做欺骗攻击如下：首先，X 冒充 A，向主机 B 发送一个带有随机序列号的 SYN 包。主机 B 响应，回送一个应答包给 A，该应答号等于原序列号加 1。然而，此时主机 A 已被主机 X 利用拒绝服务攻击"淹没"了，导致主机 A 服务失效。结果，主机 A 将 B 发来的包丢弃。为了完成三次握手，X 还需要向 B 回送一个应答包，其应答号等于 B 向 A 发送数据包的序列号加 1。此时主机 X 并不能检测到主机 B 的数据包（因为不在同一网段），只有利用 TCP 顺序号估算法来预测应答包的顺序号，并将其发送给目标机 B。如果猜测正确，B 则认为收到的 ACK 是来自内部主机 A。此时，X 即获得了主机 A 在主机 B 上所享有的特权，并开始对这些服务实施攻击。

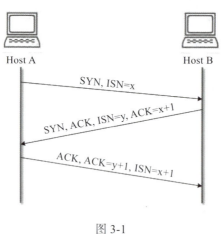

图 3-1

要防止源 IP 地址欺骗行为，可以采取以下措施来尽可能地保护系统免受这类攻击：

（1）抛弃基于地址的信任策略。阻止这类攻击的一种非常容易的办法就是放弃以地址为基础的验证。不允许 r 类远程调用命令的使用；删除 .rhosts 文件；清空 /etc/hosts.equiv 文件。这将迫使所有用户使用其他远程通信手段，如 telnet、ssh、skey 等。

（2）使用加密方法。在包发送到网络上之前，可以对它进行加密。虽然加密过程要求适当改变目前的网络环境，但它将保证数据的完整性和真实性。

（3）进行包过滤。可以配置路由器，使其能够拒绝网络外部与本网内具有相同 IP 地址的连接请求。而且，当包的 IP 地址不在本网内时，路由器不应该把本网主机的包发送出去。

有一点要注意，路由器虽然可以封锁试图到达内部网络的特定类型的包，但它们也是通过分析测试源地址来实现操作的。因此，它们仅能对"声称"是来自于内部网络的外来包进行过滤，若你的网络存在外部可信任主机，那么路由器将无法防止别人冒充这些主机进行 IP 欺骗。

2. ARP 欺骗攻击

在局域网中，通信前必须通过 ARP 协议来完成 IP 地址转换为第二层物理地址（即 MAC 地址）。ARP 协议对网络安全具有重要的意义，但是当初 ARP 方式的设计没有考虑到过多的安全问题，所以给 ARP 留下很多的隐患，ARP 欺骗就是其中一个例子。而 ARP 欺骗攻击就是利用该协议漏洞，通过伪造 IP 地址和 MAC 地址实现的攻击技术。

我们假设有 3 台主机 A、B、C，位于同一个交换式局域网中，监听者处于主机 A，而主机 B、C 正在通信。现在 A 希望能嗅探到 B→C 的数据，于是 A 就可以伪装成 C 对 B 做 ARP 欺骗：向 B 发送伪造的 ARP 应答包，应答包中 IP 地址为 C 的 IP 地址，而 MAC 地址为 A 的 MAC 地址。这个应答包会刷新 B 的 ARP 缓存，让 B 认为 A 就是 C，说详细点，就是让 B 认为 C 的 IP 地址映射到的 MAC 地址为主机 A 的 MAC 地址。这样，B 想要发送给 C 的数据实际上却发送给了 A，这就达到了嗅探的目的。在嗅探到数据后，还必须将此数据转发给 C，这样就可以保证 B、C 的通信不被中断。

以上就是基于 ARP 欺骗的嗅探基本原理，在这种嗅探方法中，嗅探者 A 实际上是插入到了 B→C 中，B 的数据先发送给了 A，然后再由 A 转发给 C。其数据传输关系如下所示：

B → A → C

B → A → C

于是，A 就成功地截获到了 B 发给 C 的数据。上面这就是一个简单的 ARP 欺骗的例子。

ARP 欺骗攻击有两种可能，一种是对路由器 ARP 表的欺骗；另一种是对内网电脑 ARP 表的欺骗，当然也可能两种攻击同时进行。但不管怎么样，欺骗发送后，电脑和路由器之间发送的数据可能就被送到错误的 MAC 地址上。

防范 ARP 欺骗攻击可以采取如下措施：

（1）在客户端使用 ARP 命令绑定网关的真实 MAC 地址命令。

（2）在交换机上做端口与 MAC 地址的静态绑定。

（3）在路由器上做 IP 地址与 MAC 地址的静态绑定。

（4）使用 ARP SERVER 按一定的时间间隔广播网段内所有主机的正确 IP-MAC 映射表。

3. DNS 欺骗攻击

DNS 欺骗即域名信息欺骗，是最常见的 DNS 安全问题。当一个 DNS 服务器掉入陷阱，使用了来自一个恶意 DNS 服务器的错误信息时，那么该 DNS 服务器就被欺骗了。DNS 欺骗会导致那些易受攻击的 DNS 服务器产生许多安全问题，例如：将用户引导到错误的互联网站点，或者发送一个电子邮件到一个未经授权的邮件服务器。网络攻击者通常通过以下几种方法进行 DNS 欺骗。

1）缓存感染

黑客会熟练地使用 DNS 请求，将数据放入一个没有设防的 DNS 服务器的缓存当中。这些缓存信息会在客户进行 DNS 访问时返回给客户，从而将客户引导到入侵者所设置的运行木马的 Web 服务器或邮件服务器上，然后黑客从这些服务器上获取用户信息。

2）DNS 信息劫持

入侵者监听客户端和 DNS 服务器的对话，通过猜测服务器响应给客户端的 DNS 查询 ID。每个 DNS 报文包括一个相关联的 16 位 ID 号，DNS 服务器根据这个 ID 号获取请求源位置。黑客在 DNS 服务器之前将虚假的响应交给用户，从而欺骗客户端去访问恶意的网站。

3）DNS 重定向

攻击者能够将 DNS 名称查询重定向到恶意 DNS 服务器，这样攻击者可以获得 DNS 服务器的写权限。

防范 DNS 欺骗攻击可采取如下措施：

（1）直接用 IP 访问重要的服务，这样至少可以避开 DNS 欺骗攻击。但需要你记住要访问的 IP 地址。

（2）加密所有的对外数据流，对服务器来说就是尽量使用 ssh 之类的有加密支持的协议，对一般用户应该用 PGP 之类的软件加密所有发到网络上的数据。但这也并不是很容易的事情。

4. 源路由欺骗攻击

通过指定路由，以假冒身份与其他主机进行合法通信或发送假报文，使受攻击主机出现错误动作，这就是源路由攻击。在通常情况下，信息包从起点到终点走过的路径是由位于此两点间的路由器决定的，数据包本身只知道去往何处，但不知道该如何去。源路由可使信息包的发送者将此数据包要经过的路径写在数据包里，使数据包循着一个对方不可预料的路径到达目的主机。下面仍以上述源 IP 欺骗中的例子解释这种攻击的过程：

主机 A 享有主机 B 的某些特权，主机 X 想冒充主机 A 从主机 B（假设其 IP 为 aaa.bbb.ccc.ddd）获得某些权限。首先，攻击者修改距离 X 最近的路由器，使得到达此路由器且包含目的地址 aaa.bbb.ccc.ddd 的数据包以主机 X 所在的网络为目的地；然后，攻击者 X 利用源 IP 欺骗向主机 B 发送源路由（指定最近的路由器）数据包。当 B 回送数据包时，就传送到被更改过的路由器上。这就使一个入侵者可以假冒一个主机的名义通过一个特殊的路径来获得某些被保护数据。

为了防范源路由欺骗攻击，一般采用下面两种措施：

（1）对付这种攻击最好的办法是配置好路由器，使它抛弃那些由外部网进来的却自称是内部主机的报文。

（2）用命令 no ip source-route 在路由器上关闭源路由。

3.3 攻击实验

3.3.1　ARP 欺骗攻击实验

1. 实验目的及内容

【实验目的】

- 了解 ARP 欺骗实验的原理。
- 学会使用工具实现 ARP 欺骗攻击的效果。

【实验内容】

- 介绍 ARP 欺骗的原理。
- 使用工具实现实验目的。

【实验要求】

- 认真阅读并掌握本实验相关的知识点。
- 上机实现实验所提到的工具和操作，得到实验结果，并填写实验报告。

【实验环境】

- 由两台以上互相连接的主机组成内网（具体网络连接参数由教师设定），模拟由一台主机发送 ARP 欺骗，使得第二台主机网络出现异常，不能与其他主机进行通信（非发送 ARP 欺骗的主机）。
- Windows 操作系统虚拟机。
- Vmware 软件。
- 长角牛网络监控软件。
- Wireshark 软件。

2．实验步骤

（1）打开 Windows 虚拟机，将网络设置为桥接模式。安装 Wireshark 抓包软件，安装过程中会提示安装 winpcap，默认安装即可后运行 Wireshark，如图 3-2 所示。在方框所示位置选中网卡（只有本机的一块网卡），单击 Start，开始进行抓包。

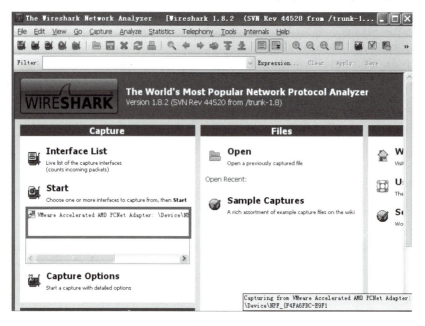

图 3-2

（2）开始使用 Wireshark 进行抓包，界面上的每一行都是一个数据包，其中包括数据包的源地址 Source，目的地址 Destination 和协议 Protocal，如图 3-3 所示。

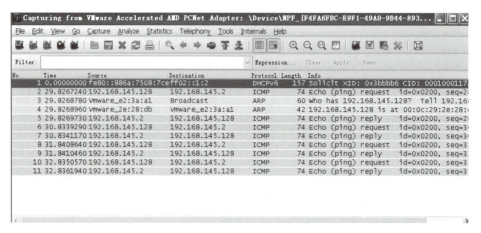

图 3-3

（3）运行"长角牛网络监控机"软件，选择进行监控的网卡及扫描范围，如图 3-4 所示。这里的网卡与在 Wireshark 中选择的网卡是相同的，扫描范围选择 192.168.145.1 ~ 192.168.145.254。配置完成后，单击"确定"按钮，进行扫描，查看选择网络内在线主机 IP 及 Mac 地址，显示的监控界面，如图 3-5 所示。

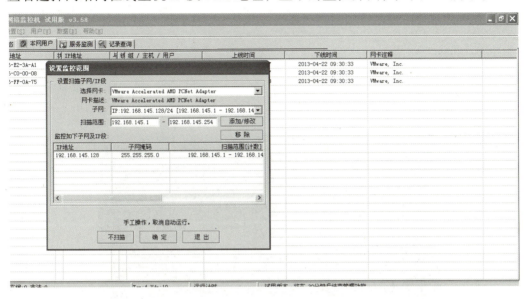

图 3-4

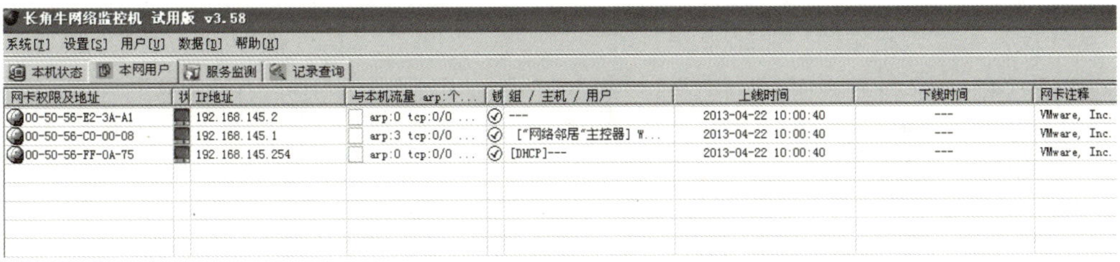

图 3-5

（4）长角牛网络监控机进行扫描的原理是：对于所选择的网段内的 IP 地址（本实验为 192.168.145.1 ~ 192.168.145.254）广播发送一个 ARP 请求，询问其 MAC 地址，对于在线主机，将收到相应的 ARP 回复包，并得到其 MAC 地址。在本机上用 Wireshark 进行抓包，可看到"长角牛网络监控机"进行扫描的过程。图 3-6 显示 Wireshark 所抓到的"长角牛网络监控机"扫描时本机发出的 ARP 包及得到的 ARP 回复包。其中第一行为 ARP 请求包，询问 IP 为 192.168.145.1 的 MAC 地址。第二行为 ARP 请求包，询问 IP 为 192.168.145.2 的 MAC 地址。第三行为 ARP 回复包，回复 IP 为 192.168.145.2 的主机 MAC 地址为 00:50:56:e2:3a:al，与图 3-5 中第一行的 MAC 对比，可以发现是一致的。第四行为对 IP 为 192.168.145.1 的回复包，结果与第三行相似。

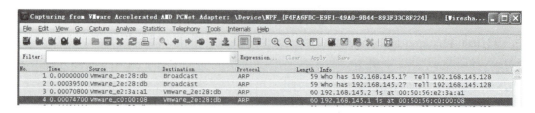

图 3-6

（5）打开命令行窗口，选择主机 192.168.145.1 进行 ping 扫描，输入命令 ping 192.168.145.1，此时还是可以 ping 通的，如图 3-7 所示。

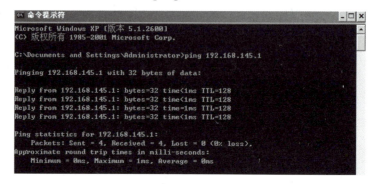

图 3-7

（6）在"长角牛网络监控机"程序界面上对这次进行实验的主机 192.168.145.1 进行用户权限设置，禁止其上线权限并使用"IP 冲突"的管理方式，如图 3-8、图 3-9 所示。

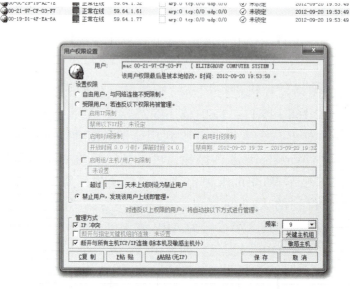

图 3-8

图 3-9

（7）使用自己实验网络中没有安装"长角牛"软件的其他主机再次对目标主机 192.168.145.1 进行 ping 扫描，发现 ping 命令不成功，如图 3-10 所示。显然 ARP 攻击已经成功了，但这又是为什么呢？

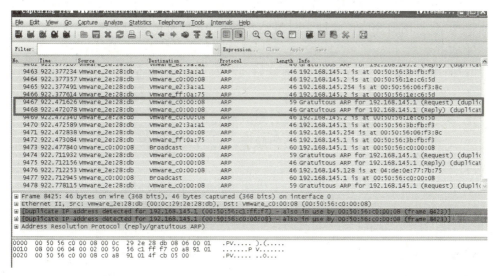

图 3-10

（8）使用 Wireshark 软件进行抓包，将刚才的数据包抓获并分析，发现本机使用无偿 ARP 使受害用户的主机出现 IP 冲突，如图 3-11 所示。

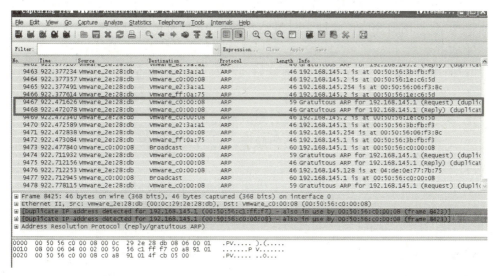

图 3-11

（9）如果此时，可以在被攻击主机上进行抓包，可同样发现出现 IP 冲突的报文，如图 3-12 所示。

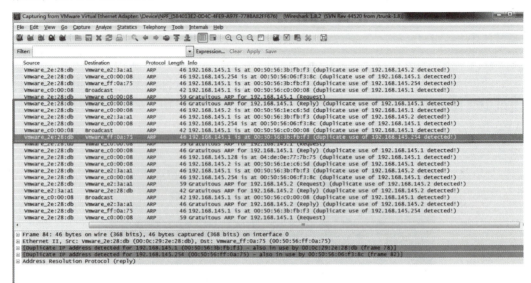

图 3-12

3.3.2　IP 欺骗攻击实验

1.　实验目的及内容

【实验目的】

- 掌握 IP 欺骗的原理。
- 学会利用 IPSpoof 软件工具进行伪造源 IP 地址的 IP 欺骗。

【实验内容】

- 使用 IPSpoof 进行本机 IP 地址修改，与目标主机通信，进行 IP 欺骗实验。

【实验要求】

- 认真阅读并掌握本实验相关的知识点。
- 上机实现实验所提到的工具和操作，得到实验结果，并填写实验报告。

【实验环境】

- 由两台以上可以相互连通的主机组成的内网网络环境。
- Windows 系统。
- Vmware 虚拟机。
- IPSpoof 地址伪造工具。
- Wirehsark 抓包软件。

2. 实验步骤

（1）使用两台计算机做一个简单的实验，首先将两台计算机连入同一个内网中。打开命令行窗口，在命令行窗口执行 ipconfig/all 命令查看两台计算机的 IP 地址、MAC 地址，如图 3-13 所示。将 192.168.145.128 作为攻击机，将192.168.145.1 作为被攻击机使用。

图 3-13

（2）在两个计算机上安装 Wireshark 抓包工具，同时也安装 winpcap 插件，如图 3-14 所示。完成安装后开始运行 Wireshark，单击 Start 按钮，保持在监听的状态。

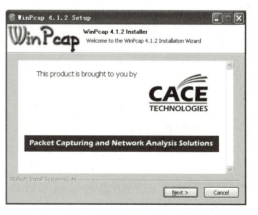

图 3-14

（3）打开 IPSpoof 地址伪造工具，双击 IPSpoof.exe 图标运行程序。按照提示输入要伪造的 IP 地址 192.168.145.111，回车确认，如图 3-15 所示。

图 3-15

（4）按照提示输入要 ping 的目标 IP 地址 192.168.145.1，如图 3-16 所示。这个 IP 地址可以是内网中与本机连接的任一主机的 IP，回车确认后程序开始使用伪造的源 IP 地址 192.168.145.111 执行 ICMP echo request 数据包的发送。

图 3-16

（5）回到 Wireshark 的界面，查看是否有地址为伪造 IP（即 192.168.145.111）的报文。可以发现在 Wireshark 抓取到的数据包中存在不少包 IP 源地址为 192.168.145.111 的 ICMP 报文，显然这些数据包都是伪造的，如图 3-17 所示。

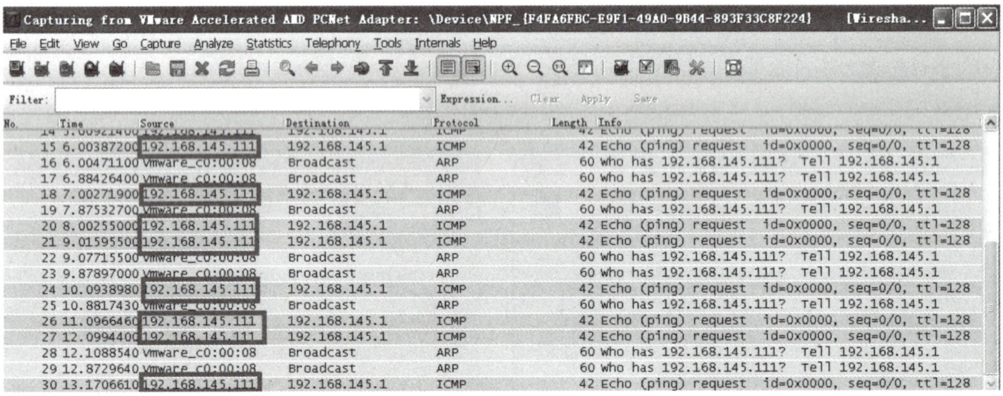

图 3-17

（6）在上面的伪造数据包中被攻击机为 192.168.145.1，打开被攻击机上的 Wireshark 软件，能够查看到源地址为 192.168.145.111 的伪造 IP 数据包，如图 3-18 所示。

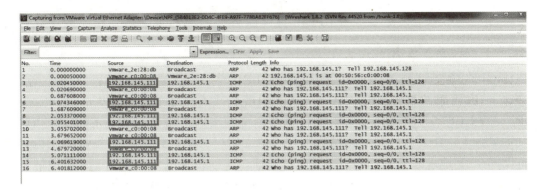

图 3-18

3.4 阅览室

1. 蜜罐主机（honeypot）

蜜罐主机是专门用来作为入侵目标的一种资源。它是欺骗网络的最初模型，主要是模拟一个或多个易受攻击的目标，由于蜜罐主机上不会运行额外的会产生其他通信流量的系统，所以所有的连接尝试都是可疑的。这样就可拖延攻击者对真正目标的进攻计划，消耗攻击者的时间。

蜜罐主机在物理上是单台主机，要控制外出的通信流量是不太可能的，需要借助防火墙等设备才能对通信流量进行限制。这样就慢慢演化出一种更为复杂的欺骗环境，被称为网络欺骗。

网络欺骗技术是根据网络系统中存在的安全弱点，采取适当技术，伪造虚假或设置不重要的信息资源，使入侵者相信信息系统中存在有价值的、可利用的安全弱点，并具有一些可攻击窃取的资源，从而将入侵者引向这些错误的资源。它能够显著地增加入侵者的工作量、入侵复杂度以及不确定性，从而使入侵者不知道其进攻是否奏效或成功。从原理上讲，每个有价值的网络系统都存在安全弱点，而且这些弱点都可能被入侵者所利用。

网络欺骗主要有以下 3 个作用：

（1）影响入侵者，使之按照你的意志进行选择；

（2）迅速地检测到入侵者的进攻，并获知其进攻技术和意图；

（3）消耗入侵者的资源。

欺骗网络是一个网络系统，而并非某台单一主机，这个网络系统是隐藏在防火墙之后的，所有的数据都会被监视、截获和控制。这些被截获的数据用来分析黑客团体的使用的工具、方法和动机。在这个系统中我们可以使用不同的操作系统及设备（如 Solaris、Linus、Windows NT，等），同时在不同的平台上还可

49

以运行不同的服务，这样多样化的配置就能更准确地勾勒出黑客团体的手段和特征。

2. 欺骗网络的技术

（1）欺骗空间技术是通过增加搜索空间来显著的增加入侵者的工作量，从而达到安全防护目的的一种技术。利用计算机系统多宿主能力（multi_hom ed capability），在只有一块以太网卡的计算机上就可实现具有众多 IP 地址的主机，而且每个 IP 地址还有它们自己的 MAC 地址。这项技术可用于建立一大段地址空间的欺骗。从效果上看，将网络服务放置在所有这些 IP 地址上，毫无疑问，可以增加了入侵者的工作量，消耗入侵者的大量资源，也就降低了真正网络服务被探测到的概率。当入侵者的扫描器访问到网络系统的外部路由器，并探测到欺骗网络时，还可将扫描器所有的网络流量重定向到欺骗上，使得接下来的远程访问变成这个欺骗的继续。但是欺骗时的网络流量和服务的切换必须严格保密，一旦暴露必将遭到攻击，从而使入侵者很容易将任一已知有效的服务和这种用于测试入侵者的扫描探测及其响应的欺骗区分开来。

（2）信息控制技术是对入侵者的行为、活动范围进行限制。我们必须确保当系统失陷时，蜜罐主机不会对欺骗网络以外的系统产生任何危害，这就要求我们对入侵者的活动进行控制，但是所有这些对信息流的控制不能让入侵者产生怀疑。在入侵者突破网络系统之后，最需要的就是网络连接，以便从网络上下载他们的数据包，打开 IRC 连接等。我们必须给他们做这些事情的"权力"，因为这些正是我们所想要分析的东西。所以允许他们做大部分的"合法"的事情，但是对攻击其他系统的要求，比如发起拒绝服务攻击、对外部进行扫描以及有关漏洞利用程序攻击他人的行为，则一律禁止。

（3）信息捕获技术是要抓到入侵者群体的所有流量，从击键到发送的数据包。数据捕获能获得所有入侵者的行动记录，这些记录将帮助我们分析他们使用的技术，以及攻击目的，并在不被入侵者发现的前提下得到尽可能多的数据信息。

（4）欺骗网络的质量。面对网络攻击技术的不断提高，一种欺骗网络技术肯定做不到总是成功。因此必须不断提高欺骗质量。欺骗质量包括：网络流量仿真；网络动态配置；多地址转换。

第四章 漏洞利用技术

现实场景

现在越来越多的人选择在网上购买东西，网购就需要网上支付，我们需要有用户名和密码来进行网上支付。用户名和密码在网络中传输，如果被有恶意的人窃取，他们就可能会盗用我们的账户、使用我们的资金，使我们遭受财产损失。很多网站使用 SSL 协议对其用户的用户名和密码进行加密，避免了用户名和密码的泄露，保护了我们在网上购物的安全。OpenSSL 是一个密码库，很多网站都借助它来实现 SSL 协议。但是最近 OpenSSL 被曝出存在严重安全漏洞，名为"心脏出血"，利用这个漏洞黑客坐在自己的电脑前就可以实时获取到很多使用 SSL 协议的网址的用户登录账号和密码，包括大批网银、知名购物网站、电子邮件等。这个漏洞严重威胁着我们在网上支付的安全，假想我们网银的用户名和密码被黑客知晓，他们很容易就能利用这些信息盗取我们银行卡上的资金。

而这个漏洞只是冰山一角，在各种安全协议、各种应用程序中还可能存在着各种各样的漏洞，如果黑客利用了这些漏洞，将会对我们的财产安全和隐私秘密造成严重的威胁。到底什么是漏洞，它们又是如何出现的？本章会告诉你答案。

4.2 基础知识

4.2.1 什么是漏洞

1. 漏洞的定义

对计算机环境来说，漏洞无处不在，你随意进入一个的网站就可能存在漏洞，家中使用的路由器也可能存在着漏洞。那么漏洞是什么呢？漏洞的定义多种多样，这里给出一个比较普遍的说法：漏洞是指计算机安全隐患，指计算机系统安全方面的缺陷，使得系统或其应用数据的保密性、完整性、可用性、访问控制、监测机制等面临威胁。即漏洞是计算机系统中一些可以被黑客利用、对系统进行攻击的地方。漏洞可能来自应用软件或操作系统设计时的缺陷，或编码时产生的错误，也可能来自程序在交互处理过程中的设计缺陷等不合理之处。这些缺陷，误或不合理之处可能被人有意或无意地利用，从而对个人或组织的资产或运行造成不利影响，如信息系统被攻击或控制，重要资料被窃取，用户数据被篡改。从目前发现的漏洞来看，应用软件中的漏洞远远多于操作系统中的漏洞，特别是网络应用系统中的漏洞更是占信息系统漏洞中的绝大多数。

2. 漏洞的分类

计算机网络安全漏洞的属性大致可以分为以下几种：漏洞可能造成的直接威胁，漏洞的成因，漏洞的严重性，漏洞被利用的方式。

按漏洞可能对系统造成的直接威胁，我们可以大致将漏洞分成几类。事实上，一个系统漏洞对安全造成的威胁远不限于它的直接可能性，如果攻击者获得了对系统的一般用户访问权限，他就极有可能再利用本地漏洞把自己升级为管理员权限。

1）远程管理员权限

攻击者不需要通过本地账号密码登录到本地就可直接获得远程系统的管理员权限，这通常通过攻击以 root 身份执行的、有缺陷的系统守护进程来完成。漏洞的绝大部分来源于缓冲区溢出，少部分来自守护进程本身的逻辑缺陷。

2）本地管理员权限

攻击者在已有一个本地账号能够登录到系统的情况下，通过攻击本地某些有缺陷的特殊程序，从而得到系统的管理员权限。

3）普通用户访问权限

攻击者利用服务器的漏洞，取得系统的普通用户存取权限，对 UNIX 类系统通常是 Shell 访问权限，对 Windows 系统通常是 cmd.exe 的访问权限，能够以一般用户的身份执行程序、存取文件。攻击者通常攻击以非 root 身份运行的守护进程等手段获得这种访问权限。

4）权限提升

攻击者在本地通过攻击某些有缺陷的程序，把自己的权限提升到某个非 root 用户的限度。获得管理员权限可以看作一种特殊的权限提升，只是因为威胁的大小不同而把它独立出来。

5）读取受限文件

攻击者利用某些漏洞读取系统中他没有权限读取的文件，这些文件通常是与安全相关的。这些漏洞的存在可能是因为文件设置权限不正确，或者是特权进程对文件的不正确处理。

6）远程拒绝服务

攻击者利用这类漏洞，无须登录即可对系统发起拒绝服务攻击，使系统或相关的应用程序崩溃或失去响应能力。这类漏洞通常是系统本身或其守护进程有缺陷或设置不正确造成的。

7）本地拒绝服务

在攻击者登录到系统后，利用这类漏洞，可以使系统本身或应用程序崩溃。这种漏洞主要是因为程序对意外情况的处理失误造成的，处理失误包括写临时文件之前不检查文件是否存在等。

8）远程非授权文件存取

利用这类漏洞，攻击者可以不经授权就能从远程存取被攻击者系统中的某些文件。这类漏洞主要是由一些有缺陷的程序引起的，这些程序对用户输入没有做适当的合法性检查，所以攻击者可以通过构造特别的输入获得对文件的存取能力。

9）口令恢复

因为采用了很弱的口令加密方式，使攻击者可以很容易就分析出口令的加密方法，从而通过某种方法得到密码后还原出明文来。比如，Browsegate 是一个 Windows 下的代理防火墙（用于过滤数据包），它的 2.80.2 版本在配置文件中储存了加密后的口令，而配置文件对所有用户是可读的，并且加密方式极其脆弱，可以很容易地解码出明文。

10）欺骗

利用这类漏洞，攻击者可以对目标系统实施某种形式的欺骗。这通常是由于系统的实现上存在某些缺陷。比如，Windows IE 曾经存在一个漏洞，它允许一个恶意网络在窗口内插入内容，欺骗用户输入敏感数据。

11）服务器信息泄露

利用这类漏洞，攻击者可以收集到对于进一步攻击系统有用的信息。这类漏洞的产生主要原因是系统程序有缺陷，一般是对错误的不正确处理。

12）其他

虽然以上的几种分类包括了绝大多数的漏洞情况，可还是存在一些上面几种类型无法描述的漏洞。

4.2.2　几个典型的漏洞

漏洞的类型多种多样，不同的漏洞会产生不同的危害。我国有关部门专门对漏洞进行了研究分析，并搭建了上报和发布漏洞的平台，如国家信息安全漏洞共享平台。我们来看一看该平台上介绍的几个比较典型的漏洞，来帮助我们更加深入地了解漏洞。

1. SQL 注入漏洞

SQL 注入攻击（SQL Injection），简称注入攻击、SQL 注入，被广泛用于非法获取网站控制权，是发生在应用程序的数据库层上的安全漏洞。在设计程序时，设计人员忽略了对输入字符串中夹带的 SQL 指令的检查，被数据库误认为是正常的 SQL 指令而运行，从而使数据库受到攻击，可能导致数据被窃取、更改、删除，以及进一步导致网站被嵌入恶意代码、被植入后门程序等危害。

SQL 注入的危害不仅体现在数据库层上，还有可能危及承载数据库的操作系统，如果 SQL 注入被用来"挂马"，还可能用来传播恶意软件等。

2. 跨站脚本漏洞

跨站脚本攻击（Cross-site scripting，简称 XSS）发生在客户端，可被用于进行窃取隐私、窃取密码等攻击。XSS 攻击对 Web 服务器虽无直接危害，但是它可借助网站进行传播，使使用的网站用户受到攻击，导致网站用户账号被窃取，从而对网站也产生较严重的危害。

3. 弱口令漏洞

弱口令（weak password）没有严格和准确的定义，通常认为容易被别人（他们有可能对你很了解）猜测到或被破解工具破解的口令均为弱口令。设置密码通常遵循以下原则：

（1）不使用空口令或系统缺省的口令，这些口令众所周知，为典型的弱口令。

（2）口令长度不小于 8 个字符。

（3）口令不应该为连续的某个字符（例如：AAAAAAAA）或重复某些字符的组合（例如：tzf.tzf.）。

（4）口令应该为以下 4 类字符的组合，大写字母（A ～ Z）、小写字母（a ～ z）、数字（0 ～ 9）和特殊字符。每类字符至少包含一个。如果某类字符只包含一个，那么该字符不应为首字符或尾字符。

（5）口令中不应包含本人、父母、子女和配偶的姓名，以及出生日期、纪念日期、登录名、E-mail 地址等与本人有关的信息，也不宜用字典中的单词。

（6）口令不应该为用数字或符号代替某些字母的单词。

（7）口令应该易记且可以快速输入，防止他人从你身后偷看到你的输入。

（8）至少 90 天内更换一次口令，防止未被发现的入侵者继续使用该口令。

4. 文件上传漏洞

文件上传漏洞通常是由于网页代码中的文件上传路径变量过滤不严造成的，如果文件上传功能实现代码没有严格限制用户上传的文件后缀以及文件类型，攻击者可通过 Web 访问的目录上传任意文件，包括网站后门文件（WebShell），进而远程控制网站服务器。

因此，在开发网站及应用程序的过程中，需严格限制和校验上传的文件，禁止上传恶意代码的文件。同时限制相关目录的执行权限，防范网站后门文件的攻击。

4.2.3 IPC$ 管道利用实验

小张做完了 FTP 漏洞利用实验觉得很有收获，为了加管理组他决定再尝试一个实验，他选择了 IPC$ 管道来做第二个漏洞实验。

IPC$（Internet Process Connection）是共享"管道"资源，它用于管理员远程管理计算机的共享资源。当验证合法用户名和密码时，远程用户可获得相应的资源共享访问限权，$ 表示共享。IPC$ 存在的漏洞是：在获得合法管理员账号和密码后，系统默认共享主机所有资源，以方便管理员的远程管理。

1. 实验目的及内容

【实验目的】
• 对 IPC 漏洞和入侵原理有所了解，进一步理解所学漏洞相关知识。

【实验内容】
• 利用 XScan 软件扫描系统漏洞。
• 利用 IPC$ 漏洞入侵系统。

【实验要求】
• 认真阅读并掌握本实验相关的知识点。
• 上机实现实验所提到的工具和操作，得到实验结果，并填写实验报告。

【实验环境】
• XScan 工具。
• 两台安装 Windows 操作系统的主机。

2. 实验步骤

（1）先下载安装好 XScan 扫描工具，设置扫描参数，在"指定 IP 范围"处填写要扫描的主机 IP：192.168.1.104，如图 4-1 所示。依次选择"全局设置"→"扫描模块"，选择"NT-Server 弱口令"（即操作系统密码），如图 4-2 所示。

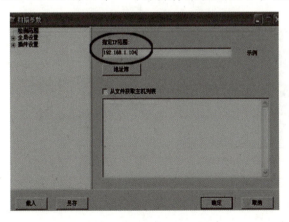

图 4-1

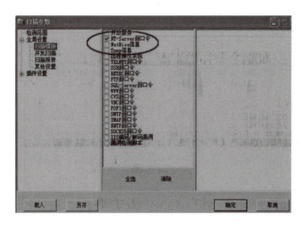

图 4-2

（2）设置完信息之后就可开始扫描。扫描完成可看到目标主机的系统账户名和密码，如图 4-3 所示。

图 4-3

（3）利用这个用户名和密码，就可以对目标主机进行各种操作。打开命令提示符窗口，输入：net use \\192.168.1.104\ipc$ 123456 /user: Administrator（192.168.1.104 是目标主机的 IP 地址，Administrator 和 123456 分别是目标主机的系统用户名和密码），命令成功完成后，再输入：net use　y:\\192.168.1.104\C$，如图 4-4 所示。这样就把目标主机的 C 盘映射为操作者自己主机的 y 盘，效果如图 4-5 所示。

图 4-4

图 4-5

（4）可以通过本地主机的 y 盘，用鼠标拖动其中的文件复制到主机的 D 盘上去，也可以通过 copy 命令进行复制。操作者也可以将一个恶意程序复制到目标主机上，从而攻击目标主机。

4.2.4　利用输入法漏洞提权破解"黑掉"Windows 8

发现这个漏洞的时候，笔者正在机房上课，正想用 3389 远程桌面去控制学生宿舍的电脑。因为重做过系统，忘记自己的 IP 地址，因此就随手扫描了一下 IP 段开 3389 端口的电脑。没想到就扫描到一台 WINdows 8 的系统，而且这个系统还装了"QQ 拼音 Windows 8 纯净版"。

当时我就想起在上初中时候的那个极品五笔的漏洞，就随手测试了一下，没想到在时隔七八年后的今天，号称非常安全的 Windows 8 系统居然还有如此大的漏洞，如图 4-6 所示。下面就把提权过程理一遍。

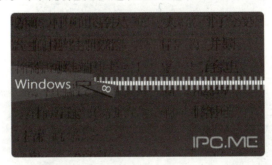

图 4-6

（1）确认安装有这个 QQ 拼音输入法，如图 4-7 所示。

图 4-7

（2）按 Ctrl+ 空格组合键调出快捷菜单，找到这个选项，如图 4-8 所示。

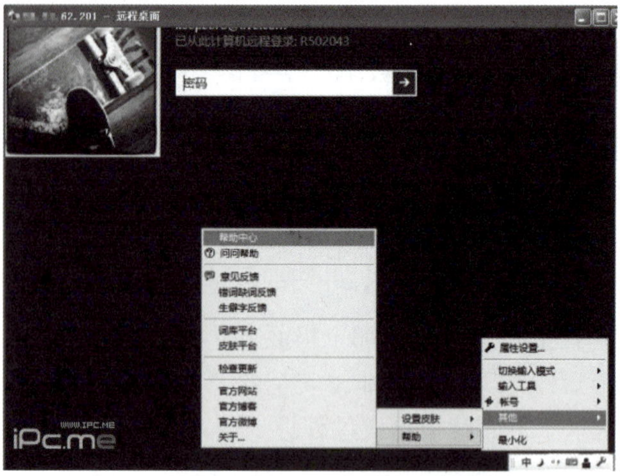

图 4-8

（3）顺利开启 IE 浏览器，如图 4-9 所示。

图 4-9

需要说明的是，IE 浏览器和 Windows 8 的安全性确实是比以前版本提高了非常多。

在地址栏输入 D:\ file://d: 命令，但无法打开文件夹，本以为只要随便上传一个 bat 批处理，写上提权用的命令，然后利用 IE 下载下来打开运行即可。

没想到出现各种提示，要求验证用户名和密码等，最终无法进行下载。可见常规的越权方式是行不通的，微软还是修复了这些漏洞。但是经过笔者的诸多尝试，最终发现有一处漏洞尚未弥补，那就是文件菜单的"另存为"选项，将网页文件"另存为"即可打开"文件夹"对话框，如图 4-10 所示。

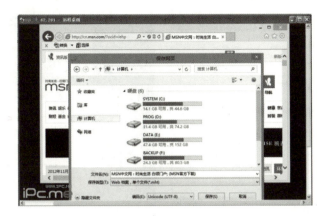

图 4-10

这个时候感觉已经快要突破成功了，但是经过很长时间的尝试，却始终无法再有实质性的进展。

如图 4-11 所示，文件夹选项卡已经被限定成 mht、txt 等几种格式。

图 4-11

这时，虽然能用记事本等程序打开进行提权命令编辑，但是关键的地方却始终被微软系统的限制，不管是另存为 bat 文件或者打开其他程序，均无法显示或者正常打开，如图 4-12 所示。而且就算保存成 bat 文件，在当前限定的 mht、txt 等文件可查看的情况下也无法看到生成后的文件，如图 4-12 所示。

又进行了诸多尝试，甚至开启文件夹共享，也无法生效。可见 Windows 8 在安全性方面进行了很大的改进。这个时候，笔者想尝试用快捷方式的漏洞，在无法查看任何 exe 等可执行文件，包括 net.exe 这个关键的提权程序时，实际上可以直接创建快捷方式，对这个快捷方式直接赋参数运行。随便创建一个快捷方式，然后将目标改为系统目录里面的 net 文件，后面空格附上参数即可。

（4）创建用户 Helper，如图 4-13 所示。

图 4-12   图 4-13

（5）将用户加入管理组，获取最高权限，如图 4-14 所示。

（6）登录远程桌面，如图 4-15 所示。

图 4-14   图 4-15

（7）登录成功，如图 4-16 所示。

图 4-16

本次只测试过 QQ 拼音输入法，其他输入法如果能直接调出 IE 的话，利用相同的办法也可以直接提权，希望微软尽快修复这个漏洞吧。

4.3 阅览室

0Day 漏洞

0Day 代表破解的意思，最早的破解是专门针对软件的，叫做 Warez，后来才发展到游戏、音乐、影视等其他内容。0Day 中的 0 表示 zero，早期的 0Day 表示在软件发行后的 24 小时内就会出现破解版本，现在已经引申了这个含义，只要是在软件或者其他东西发布后，在最短时间内出现相关破解的，都可以叫 0Day。0Day 是一个统称，所有的破解都可以叫 0Day。

0Day 的概念最早用于软件和游戏破解，属于非盈利性和非商业化组织的行为，其基本内涵是"即时性"。Warez 被许多人误认为是一个最大的软件破解组织，而实际上，Warez 如黑客一样，只是一种行为。0Day 也是。当时的 0Day 是指在正版软件或游戏发布的当天甚至之前，发布附带着序列号或者解密器的破解版，让使用者可以不用付费就能长期使用。因此，虽然 Warez 和 0Day 都是反盗版机构的重点打击对象，却同时受到免费使用者和业内同行的推崇。尽管 Warez 和 0Day 的拥护者不支持以此而谋利的盗版商，但在商业利益的驱动下还是有人将破解行为的商业化推到了高峰。而眼下的 0Day，正在对网络信息安全产生越来越严重的威胁。

0Day 其实就是 Warez 的一种传播形式，0Day 不是说那些破解专家不到 1 天就搞定某个软件，而是说他在最短的时间内迅速地解锁软件，并在网上发布。0Day 的真正意思是"即时发布"（尽管不是真的当天发布），大家可以把它看作是一种技术水平。

0Day 的主要目的是交换，完全是出于非商业化、非盈利、技术研究的行为。如果有人将 0Day 的东西拿去做成盗版产品，这不是 0Day 的本意。

0Day 漏洞是已经被发现（有可能未被公开），而官方还没有相关补丁的漏洞。

信息安全意义上的 0Day 是指在系统商知晓并发布相关补丁前就被掌握或者公开的漏洞信息。

2005 年 12 月 8 日，几乎影响 Windows 所有操作系统的 WMF 漏洞在网上公开，虽然微软在 8 天后发布了安全补丁（微软的惯例是在每月的第一个周二），但就在这 8 天内出现了 200 多个利用此漏洞的攻击脚本。漏洞信息的公开加速了软件生产商的安全补丁更新进程，减少了恶意程序的危害程度。但如果是未公开的 0Day 呢？WMF 漏洞公开之前，又有多少人已经利用了它？是否有很多 0Day 一直在秘密流传？例如，给全球网络带来巨大危害的"冲击波"和"震荡波"这两种病毒，如果相关的漏洞信息没有公开，自然也就不会产生这两种超级病毒。反过来想，有什么理由认为眼下不存在类似的有着重大安全隐患的漏洞呢？Dtlogin远程溢出漏洞于2002年被发现，直到2004年才公布。

看不见的才是最可怕的，这就是0Day的真正威胁。

信息价值的飞速提升，互联网在全球的普及，数字经济的广泛应用，这一切都导致着信息安全市场的扩张，软件破解、口令解密、间谍软件、木马病毒全部都从早期的仅做研究和以向他人炫耀的目的转化为纯商业利益的运作，并迅速地传播开来，从操作系统到数据库，从应用软件到第三方程序和插件，再到遍布全球的漏洞发布中心，看看它们当中有多少0Day存在？可以毫不夸张地说，在安全补丁程序发布之前，所有的漏洞信息都是0Day，但是从未发布过安全补丁的软件是否就意味着它们不存在0Day呢？

有人说："每一个稍具规模的应用软件都可能存在0Day。"没错！从理论上讲，漏洞必定存在，只是尚未发现，而弥补措施永远是滞后的。

只要用户方不独自开发操作系统或应用程序，或者说只要使用第三方的软件，0Day的出现就是迟早的事，无论你是使用数据库还是网站管理平台，无论你是使用媒体播放器还是绘图工具，即便是专职安全防护的软件程序本身，都会出现安全漏洞，这已是不争的事实了。但最可怕的不是漏洞存在的先天性，而是0Day的不可预知性。

第五章　拒绝服务攻击技术

5.1.1　现实场景

位于东京的 Mt Gox 比特币交易所于 2014 年 2 月申请破产保护，由公司客户所拥有的 75 万和公司的 10 万比特币（总价值约 5.49 亿美元）全部失踪。这家比特币交易所被迫破产的原因，是受到了大规模的黑客进攻。破产前一个月的时间内，Mt Gox 比特币交易所每天承受至少 15 万次的 DDoS 攻击，不但无法进行正常的交易，而且大量比特币被盗。

2014 年上半年，DDoS 攻击使用的带宽相比 2013 年翻倍，平均达到 20Gbps，其中 100 多次平均带宽甚至高达 100Gbps。其中包括全球松散黑客组织 Anonymous 在世界杯比赛期间对巴西世界杯足球赛官方网站进行的攻击，曾导致网站服务器宕机数小时无法提供服务。同年 7 月，弹幕视频网站 AcFun、国内知名漏洞平台网站"乌云"及果壳网相继遭到不明 DDoS 攻击，出现不同程度的访问故障。

5.1.2　任务描述

初中生萧晓筱在学校的课程完成之后，会每天有计划地上网玩游戏。一次她想要上网完成一个游戏任务，但是却怎么也打开不了游戏的界面了。她通过 QQ 问了自己的网友，才知道大家都遇到了这种情况。第二天她再次登录游戏发现一切正常，而在游戏公告上网管对玩家表示了道歉，说游戏服务器受到了 DDoS 攻击。萧晓筱不明白什么是 DDoS，她向正在读研究生的堂哥请教了这个问题，堂哥告诉萧晓筱，DDoS 是拒绝服务攻击的一种，是现在网络上非常常见而且有破坏性的一种攻击方式。现在我们就跟着萧晓筱一起了解一下到底什么是拒绝服务攻击。

5.2 学习目标

1）了解拒绝服务攻击和分布式拒绝服务攻击的原理和种类。

2）了解 SYN Flood 攻击、ICMP Flood 攻击的原理和方法。

5.3 基础知识

5.3.1 拒绝服务攻击原理

1. 拒绝服务攻击 DoS

拒绝服务攻击是一种有着悠久历史的攻击方式，但也是现在网络上最常见的攻击形式。要理解什么是拒绝服务攻击，首先要了解的是什么是拒绝服务。拒绝服务，英文为 Denial of Service，简单理解就是原用于为网民提供服务的网页或系统受到黑客的攻击或其他原因，不能再为网络用户提供服务这样的情况。严格来说，拒绝服务攻击并不是某一种具体的攻击方式，而是攻击所表现出来的结果。当目标系统因遭受攻击而不能继续提供正常的服务，甚至导致系统的瘫痪或崩溃时，就会发生拒绝服务。例如，新闻门户网站不能提供新闻网页给大家浏览，电子邮箱收发不了邮件，音乐播放器没有办法在线听音乐等。

图 5-1

常见的拒绝服务攻击方法有 Smurf、UDP Flood、SYN Flood、ICMP Flood、TCP Flood 等，如图 5-1 所示。

2. 分布式拒绝服务攻击 DDoS 与僵尸网络

如今，计算机的计算能力、网络带宽、服务器存储和处理能力已经渐渐发展到一个十分强大的阶段，在一个良好的网络环境中，我们几乎感觉不到时间延迟。这就对攻击者的攻击技术提出了要求，DDoS 和僵尸网络就是能够帮助黑客进行攻击的最有效的方案。分布式拒绝服务攻击 DDoS，是指以分散的攻击源来对目标计算机或网络进行 DoS 攻击的攻击方式。它采用某种技术操控大量不同 IP、不同地域的计算机，对目标进行集中攻击，这样大量的资源消耗对于网络上的任何一个计算机都是难以处理和解决的，如图 5-2 所示。

图 5-2

根据网络安全和管理解决方案的顶级提供商 Arbor Networks 安全报告 ATLAS 中的数据，仅 2014 年第二季就发生过 111 次流量超过 100Gbps 的网络攻击，而今年上半年，流量超过 20Gbps 的攻击次数更多达 5733 次，比 2013 年全年 2573 次的两倍还多。我们从图 5-3 中看到，美国、中国、韩国已经成为了 DDoS 流量最大的 3 个国家。僵尸网络的分布更是异常庞大。

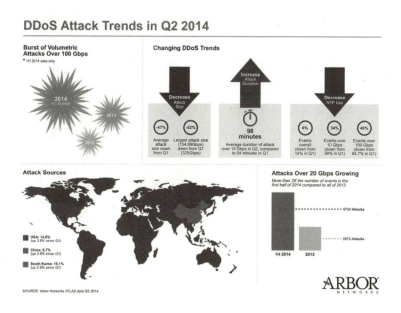

图 5-3

最早的僵尸网络出现在 1993 年，在 IRC 聊天网络中出现。僵尸网络（Botnet，也称丧尸网络、机器人网络）是指黑客利用自己编写的分布式拒绝服务攻击程序（bot 程序）对网络上数以亿计的计算机进行攻击，一旦其中的一部分计算机中招，就会变成黑客的傀儡，也就是常说的"僵尸电脑"或"肉鸡"。黑客结构性地组织这些计算机群，向目标发送大量的伪造数据包或垃圾数据包，迫使被攻击的目标"拒绝服务"。黑客对目标的攻击是层层隐藏的，攻击方通过控制主控端来控制代理端对目标进行攻击，在这个过程中，代理端也就是"肉鸡"有可能并不知道自己背后的操控者是谁。黑客通过庞大的僵尸网络对目标进行集中的、高效的、隐秘的攻击，消耗大量的网络带宽或者服务器资源，最终使得被攻击的服务系统不可用，如图 5-4 所示。

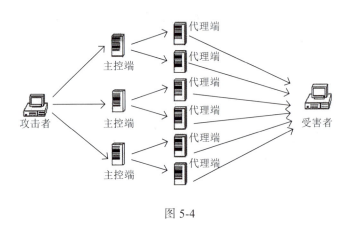

图 5-4

3. 拒绝服务攻击的危害与防护

拒绝服务攻击是一种遍布全球的系统漏洞，黑客们正热衷于对它的研究，而无数的网络用户将成为这种攻击的受害者。操作系统和网络设备的缺陷不断地被发现，并被黑客利用来进行恶意的攻击。如果我们清楚地认识到了这一点，我们应当使用下面的两步来尽量阻止网络攻击，保护我们的网络：

（1）尽可能地修正已经发现的问题和系统漏洞，识别、跟踪或禁止这些令人讨厌的机器或网络对我们的访问。

（2）应用包过滤的技术，主要是过滤对外开放的端口。这些手段主要是防止假冒地址的攻击，使得外部机器无法假冒内部机器的地址来对内部机器发动攻击。

5.3.2 SYN Flood 攻击

1. SYN Flood 攻击原理

SYN Flood 是当前最流行的 DoS 与 DDoS 攻击方式之一，主要利用了 TCP

协议缺陷，发送大量伪造的 TCP 连接请求，从而使得被攻击方资源耗尽（CPU 满负荷或内存不足），从而达到自己的目的。

回顾一下 3.2 节中的 TCP 三次握手的过程，我们可以看到，在一个 TCP 连接建立之前，连接的两端要相互发送很多信息，如图 5-5 所示。传输的过程中，这些信息和当前的状态都将会一直保存在连接两端的主机上，直到三次握手已经完成。显然这个过程一定会占据被请求主机上一定的资源，比如内存和端口。黑客一点一点地耗尽这些资源，直到被请求的一方没有能力接收新到来的请求，那么那些正常的用户将会得不到服务器的响应，也可以说被拒绝服务了，如图 5-6 所示。

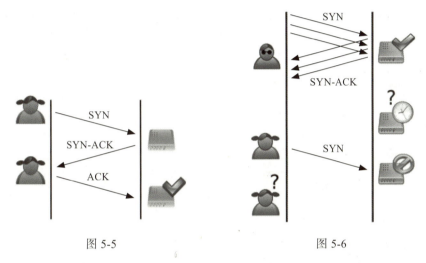

图 5-5   图 5-6

IP 地址是给每一个连接在 Internet 上的主机分配的一个在全世界范围内唯一的 32 位地址，由网络地址和主机地址组成。IP 数据包结构中的源 IP 地址（Source Address）、目的 IP 地址（Destination Address）与 TCP 数据包中的源端口号（Source Port）、目的端口号（Destination Port）和标志位（Flags）能够确定一个 TCP 连接的位置和状态，SYN Flood 攻击也正是利用了 TCP/IP 协议的这个特点进行攻击的，如图 5-7 所示。

（1）黑客计算机向某服务器开始攻击，不间断地、大量地发送含有假源 IP 地址的 TCP 连接请求数据包，该数据包 Flags 字段为 SYN。

（2）服务器收到大量来自不同 IP 地址的 TCP SYN 请求数据包后，马上为该连接请求分配资源，同时向 SYN 请求包中假 IP 地址发送一个 SYN+ACK 响应数据包，并进入等待请求方回复 ACK 响应包的状态。

（3）SYN+ACK 响应数据包在网络中传送，却始终找不到拥有这个 IP 地址的计算机，直到数据包寿命结束。

（4）服务器在很长的一段时间内没有收到 ACK 响应数据包，内存中存在了大量未完成的 TCP 连接，直到连接超时不得不关闭 TCP 连接。

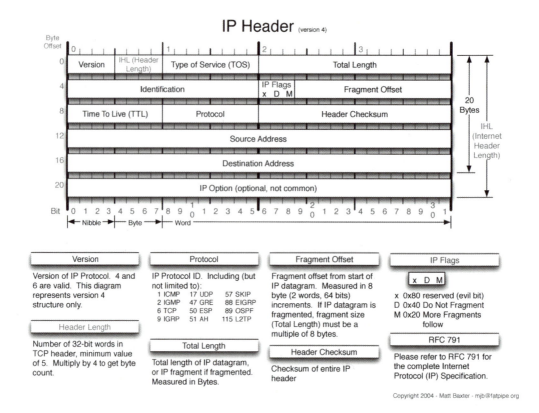

图 5-7

虽然服务器最后关闭了大量的无用的 TCP 连接，但是在相当长的一段时间内服务器的资源仅仅是没有任何作用地被占用着，正常的用户发出的请求因为没有空余的资源而被拒绝服务。

2. SYN Flood 防范方法

SYN Flood 攻击给互联网造成重大影响后，针对防御 SYN Flood 攻击出现了几种比较有效的技术。

1) SYN cookie 技术

这项技术针对标准 TCP 连接建立过程在资源分配上的缺陷，使用了新的策略: 当服务器收到一个 SYN 报文后，不立即分配资源，而是利用 TCP 连接的相关信息生成一个 cookie，并将这个 cookie 作为将要返回的 SYN+ACK 报文的初始序列号。只有当服务器收到一个 ACK 数据包并验证成功时，才分配资源给这个 TCP 连接。

2) 地址状态监控技术

该技术对源 IP 地址进行记录，并设置了 4 种状态: ①初态: 任何源地址刚开始的状态; ②NEW 状态: 第一次出现或出现多次也不能断定存在的源地址的状态;

③ GOOD 状态：断定存在的源地址所处的状态；④ BAD 状态：源地址不存在或不可达时所处的状态。只有 GOOD 状态才能直接进行 TCP 连接。

5.3.3　ICMP Flood 攻击

1. ICMP Flood 攻击原理

ICMP 全称是 Internet Control Message Protocol（网际控制信息协议），是一个非常重要的协议，对于网络安全具有极其重要的意义。ICMP 是 TCP/IP 协议族的一个子协议，用于在 IP 主机、路由器之间传递控制消息。控制消息是指网络通不通、主机是否可达、路由是否可用等网络本身状态的消息。这些控制消息虽然并不传输用户数据，但是对于用户数据的传递起着重要的作用。ICMP 运行的过程从用户的角度来说几乎是不可见的，但却又是经常使用的。比如，用于检查网络通不通的 Ping 命令，这个 Ping 的过程实际上就是 ICMP 协议工作的过程，如图 5-8 所示。

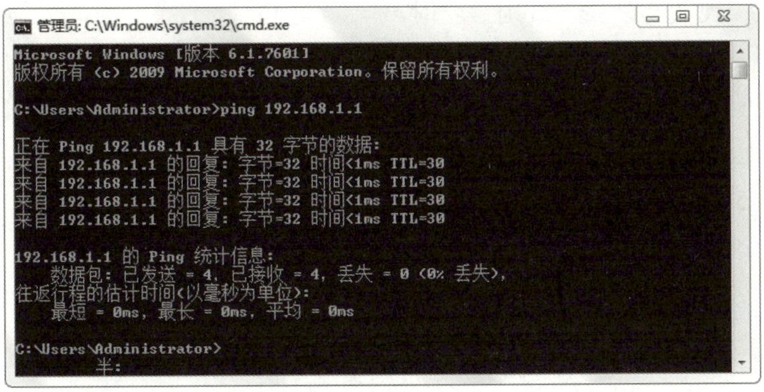

图 5-8

ICMP Flood 的攻击原理与基于 TCP 的 SYN Flood 攻击不同，属于流量型的攻击。它也是利用大的流量给服务器带来较大的负载，影响服务器的正常服务。ICMP Flood 攻击是通过 Ping 产生的大量数据包，使目标计算机的 CPU 占用率满载继而宕机，我们也称这种方式称为 Ping of Death。

2. ICMP Flood 防范方法

对于 Ping of Death 攻击，可以采取两种方法进行防范：第一种方法是在路由器上对 ICMP 数据包进行带宽限制，将 ICMP 占用的带宽控制在一定的范围内，这样即使有 ICMP 攻击，它所占用的带宽也是非常有限的，对整个网络的影响非常小；第二种方法就是在主机上设置 ICMP 数据包的处理规则，最好设定拒绝所有的 ICMP 数据包。

5.4 任务实施

5.4.1 ICMP Flood 实验

1. 实验目的及内容

【实验目的】

- 了解 ICMP Flood 攻击基本原理。
- 使用 ICMP Flood 攻击工具进行 DOS 攻击。

【实验内容】

- 介绍 ICMP Flood 攻击基本原理。
- 使用 ICMP Flood 攻击工具攻击目标靶机。

【实验要求】

- 认真阅读并掌握本实验相关的知识点。
- 上机实现实验所提到的工具和操作，得到实验结果，并填写实验报告。

【实验环境】

- 在实验室局域网环境下，至少需要一台攻击机，一台靶机。靶机由教师指定，或与其他学生合作完成。
- 如图 5-9 所示的网络连接环境。
- Windows 操作系统。
- "狂怒之 Ping"软件。

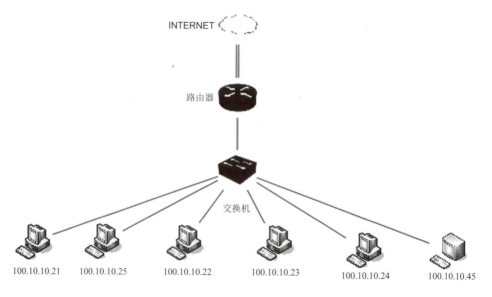

图 5-9

2. 实验步骤

（1）XXX 与其他同学组队完成实验，在目标系统上打开 Wireshark 工具。选择 Capture 选项，开始抓取数据包，如图 5-10 所示。

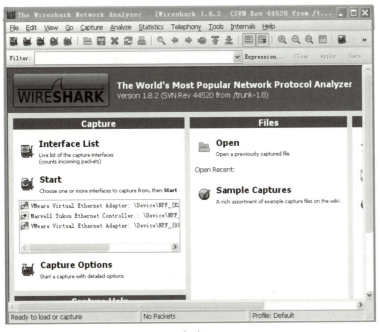

（a）

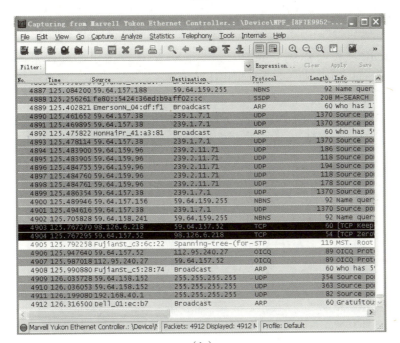

（b）

图 5-10

（2）XXX 在 Filter 框中输入 icmp，这样就可以过滤掉那些不需要的数据包。这是因为只想要对 ICMP 数据包进行分析，但是网络里面还会有大量的其他的协议数据包。

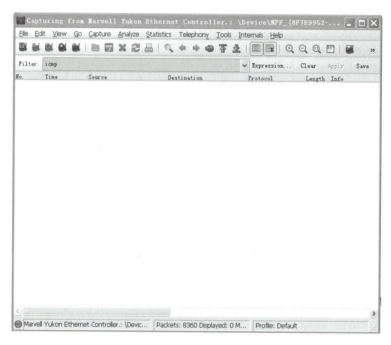

图 5-11

（3）刚刚开始抓包时，XXX 可看到列表里面空空如也，如图 5-11 所示。这说明 Wireshark 还没有抓到 icmp 包。然后 XXY 在攻击机中使用 ipconfig 命令查看自己的 IP 地址为 59.64.157.22，如图 5-12 所示。

图 5-12

（4）XXY 在攻击机中打开"狂怒之 Ping"攻击器，如图 5-13 所示。输入

XXW 所在的计算机的 IP 地址 100.10.10.21，单击"攻击"按钮开始进行攻击，如图 5-14 所示。

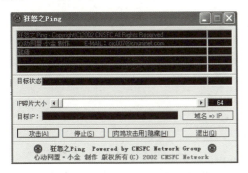

图 5-13   图 5-14

（5）XXX 现在使用 Wireshark 查看 XXY 发给 XXW 的 ICMP 数据包，如图 5-15 所示。

图 5-15

与原来一片空白的列表相比，XXX 现在可以看到大量的 ICMP 数据包被 Wireshark 接收和分析。这么多的 ICMP 洪水攻击数据包把网线的流量占用了，使得其他的服务不能有效地被使用。但是这种攻击也暴露了攻击者 XXY 的 IP 地址，被攻击者是可以进行反击的。

5.4.2　SYN Flood 攻击技术实验

1. 实验目的及内容

【实验目的】
- 了解 SYN Flood 的基本原理。
- 会使用 SYN Flood 攻击器对目标靶机进行攻击。

【实验内容】
- 介绍 SYN Flood 攻击的基本原理。
- SYN Flood 攻击器对目标靶机进行攻击。

【实验要求】
- 认真阅读并掌握本实验相关的知识点。
- 上机实现实验所提到的工具和操作，得到实验结果，并填写实验报告。

【实验环境】
所需硬件环境如图 5-16 所示。

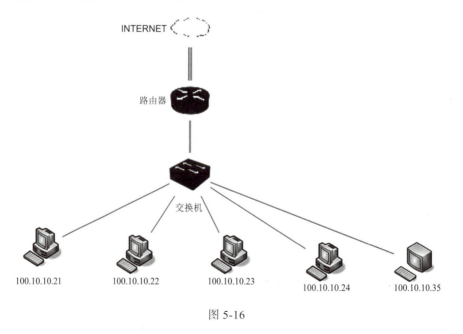

图 5-16

- Windows 操作系统。
- Vmware 虚拟机。
- SYNDemo 工具。

2. 实验步骤

（1）萧晓筱查阅相关的知识，知道 Flood 攻击通常会使得被攻击系统在一定程度上被破坏，因此她决定将实验环境放在虚拟机中。首先萧晓筱将虚拟机的网卡连接模式变为桥接模式，在虚拟机中建立了两个 Windows 虚拟机，一台作为攻击机，一台作为被攻击机。使用 ipconfig 命令确定被攻击的虚拟机现在的 IP 地址是 100.10.10.22。

（2）萧晓筱在攻击机上打开远程桌面，连接进入 IP 地址为 100.10.10.22 的被攻击机，使用被攻击机账号 administrator 和密码 1011，进入被攻击主机，如图 5-17 所示。（这个账号就是被攻击机的账号，大家可以根据实验具体调整）

图 5-17

（3）萧晓筱打开远程桌面中的命令行窗口，输入 Netstat -a -n，并查看的 80 端口的访问情况，如图 5-18 所示。她的计算机显示，被攻击机 TCP 协议 80 端口现在正处在监听 LISTENING 状态，如图 5-19 所示。

```
C:\Windows\system32\cmd.exe

Microsoft Windows [版本 6.1.7601]
版权所有 (c) 2009 Microsoft Corporation。保留所有权利。

C:\Users\    >Netstat -a -n
```

图 5-18

```
Proto  Local Address      Foreign Address      State
TCP    0.0.0.0:21         0.0.0.0:0            LISTENING
TCP    0.0.0.0:22         0.0.0.0:0            LISTENING
TCP    0.0.0.0:80         0.0.0.0:0            LISTENING
TCP    0.0.0.0:135        0.0.0.0:0            LISTENING
TCP    0.0.0.0:445        0.0.0.0:0            LISTENING
```

图 5-19

（4）萧晓筱在虚拟机上启用 SYN 攻击器（在安装 SYN 攻击器之前要先安装 winpcap3.1 版本）。在 SYN 攻击器中设置目标机的 IP 地址和端口号，单击"攻击测试开始"按钮，如图 5-20 所示。

图 5-20

（5）萧晓筱找到被攻击的虚拟机，在上面使用命令行再次输入 Netstat-a-n，并查看的 80 端口的被访问情况，发现 SYN 攻击器通过不断地伪造 IP 地址，向被攻击机发送大量的 TCP 协议请求，并处于连接建立 ESTABLISHED 状态，但是却没有后续的操作，端口资源被大量的占用，如图 5-21 所示。

图 5-21

5.5 阅览室

《云计算与大数据》

计算机一个永恒的主题，就是探讨数据处理能力如何更好、如何更快、如何更强。围绕这样一个领域从过去所谓的 P2P，到现在云计算以及移动计算物联网，还有智慧地球应用的模式，都是把数据库作为一个重要的核心，把过去的计算模式向云或其他一种方式转型，强调对数据资源进行更有效的利用。

关于大数据和云计算的关系人们通常会有误解。而且也会把它们混起来说，用一句话直白地解释就是：云计算就是硬件资源的虚拟化；大数据就是海量数据的高效处理。云计算将网络上的硬件资源融合为一个系统，我可以使用你的计算机为我处理照片，你也可以使用我的计算机帮你下载电影。而大数据则是我们在海量数据处理的过程中不再仅仅使用关系型数据库，同时也使用其他高效方法。

越来越多的企业、机构聚焦云计算和大数据分析研究，逐渐将其应用到智慧城市、智能设备、电子政务、金融、医疗、教育、能源、交通等各行各业。

第六章　恶意代码技术

6.1.1　现实场景

2007 年，Stuxnet 蠕虫病毒感染了伊朗核电站中的 14 台离心机系统，使离心机自行关闭了专供六氟化铀气体阀门，最后造成整个离心机的损坏。2009 年到 2010 年间，Stuxnet 病毒已经破坏了伊朗 1000 多台离心机。2010 年 11 月 30 日，当时的伊朗总统内贾德证实了国内核电站被 Stuxnet 蠕虫攻击一事，承认伊朗核设施浓缩铀离心机被电脑病毒破坏。

俄罗斯电脑病毒防控机构卡巴斯基实验室在 2012 年 5 月 28 日发布报告，确认另一种新型电脑病毒"火焰"入侵伊朗等多个中东国家。"火焰"程序代码量大约是 Stuxnet 的 20 倍，同时具有间谍功能，可能是现在已发现的最复杂的恶意程序。"火焰"对伊朗使用的网络系统造成影响，导致伊朗不得不短暂切断石油部、石油出口数据中心等机构与互联网的连接，这两个破坏性极强的代码都可能拥有政府背景。

6.1.2　任务描述

大明和小明是兄弟俩，他们都喜欢玩电脑。有一天，小明在上 QQ 时弹出来一个对话框，上面显示"您的 QQ 账户不在常用地区登录"，这让小明十分疑惑。他把这个疑问告诉了大明。作为哥哥的大明听说之后也想起了前几天他在玩电脑的过程中，明明没有动鼠标，可是屏幕上的"小箭头"却不停地动来动去。两兄弟决定要将这两个问题弄清楚，因此他们上网"百度"一下。各种各样的资料都告诉了两兄弟一个结论：他们的电脑中病毒了！而且电脑可能已经被黑客控制了！

大明和小明决心将自己电脑中的恶意代码清除掉，首先他们决定了解一下恶意代码的基本原理，以实验的方式了解恶意代码的运行过程，然后再把它们全部从自己的电脑中清除掉。下面我们就和这两兄弟一起学习一下吧。

6.2　学习目标

（1）了解和掌握恶意代码的定义。
（2）了解现有的恶意代码技术。
（3）掌握恶意代码的安全防范措施。
（4）了解计算机病毒、特洛伊木马的运行机制。

6.3　基础知识

6.3.1　恶意代码技术介绍

恶意代码的定义随着计算机网络的发展也在渐渐丰富起来。恶意代码是指经过存储介质和网络进行传播，从一台计算机系统到另一台计算机系统，未经授权认证而破坏计算机系统完整性的程序或代码。现在的互联网上面存在着各种类型的恶意代码，包括计算机病毒、特洛伊木马、蠕虫、后门程序等，这些代码已经严重地影响了网络上计算机的安全，甚至有的威胁到了国家安全。下面我们简单介绍几种常见的恶意代码。

1．计算机病毒

计算机病毒（computer virus）是一种人为编制的程序或指令集合。这种程序能够潜伏在计算机系统中，并通过自我复制传播和扩散，在一定条件下被激活，并给计算机带来故障和破坏。正是由于这些程序具有类似于生物病毒的繁殖、传染和潜伏等特点，所以人们称之为"计算机病毒"。我们可以将计算机病毒分为广义和狭义两类，广义的计算机病毒是指能够引起计算机故障、破坏计算机数据的恶意程序。而狭义的计算机病毒是指编制者在计算机程序中插入的破坏计算机功能或者破坏数据，影响计算机使用并且能够自我复制的一组计算机指令或者程序代码。下面我们提到的都是狭义的计算机病毒。

计算机病毒通常具有以下几个特点。

（1）隐蔽性：病毒程序通常隐藏在可执行文件和数据文件中，而不是自己独立成为文件，因此不易被发现。

（2）传染性：传染性是衡量一种程序是否为病毒的首要条件。病毒程序进入计算机，通过修改其他非病毒程序并把自身复制进去，达到扩散的目的，使计算机不能正常工作。

（3）潜伏性：计算机病毒能够潜伏在正常的程序之中，只有满足一定条件时才被激活，开始破坏活动。

（4）可激发性：计算机病毒发作都具有激发条件，这个条件可以是时间、特定文件的使用、文件被使用的次数等。

（5）破坏性：这也是计算机病毒的最终目的，通过病毒程序的运行，实现破坏行为。

典型的病毒有"黑色星期五病毒"等。

2. 木马

木马（Trojan）这个名字来源于古希腊传说荷马史诗中木马计的故事中特洛伊木马。"木马"程序是目前比较流行的恶意代码技术，与病毒不同的是它不会自我繁殖，也不会"刻意"地去感染其他文件，它将自己伪装起来吸引用户下载并执行，从而使得被植入木马的计算机被网络上的控制端控制，自己的文件可能会被毁坏、窃取，甚至被远程操控。木马病毒的产生严重危害着现代网络的安全运行。

一个完整的木马程序主要包含两部分：服务端（服务器部分）和客户端（控制器部分）。将木马植入对方电脑的是客户端，也就是黑客所在的一端，利用客户端黑客就可以入侵客户端的计算机。当被植入木马程序的服务端运行之后，将会有一个专门的进程暗中打开网络端口，向客户端发送隐私数据，甚至允许黑客入侵计算机系统。特洛伊木马不会自动运行，当用户在网络上见到一些感兴趣的文件并下载到自己的计算机上时，木马可能就藏在这里。当用户运行含有木马的程序时，特洛伊木马才会被运行。

综合现在流行的木马程序，它们都有以下基本特征：

（1）隐蔽性是其首要的特征。木马隐藏在用户的系统之中，它会想尽一切办法不让你发现它。它的隐蔽性主要体现在以下两个方面：不产生图标；木马程序自动在任务管理器中隐藏，并以"系统服务"的方式欺骗操作系统。

（2）它具有自动运行性。它是一个当你系统启动时即自动运行的程序，所以它必需潜入你的启动配置文件中。

（3）木马程序具有欺骗性。木马经常使用常见的文件名或扩展名，如dll\win\sys\explorer等样子，或者仿制一些不易被人区别的文件名，甚至干脆就借用系统文件中已有的文件名，只不过它保存在不同的路径之中。

（4）具备自动恢复功能。现在很多的木马程序中的功能模块已不再是由单一的文件组成的，而是具有多重备份，可以相互恢复。

（5）能自动打开特别的端口。木马程序可以将用户的信息告诉黑客，以便黑客控制用户的机器，或实施进一步的入侵行动。

（6）功能的特殊性。通常的木马的功能都是十分特殊的，除了普通的文件操作以外，还有些木马具有搜索 cache 中的口令、设置口令、扫描目标机器人的 IP 地址、进行键盘记录、远程注册表的操作、锁定鼠标等功能。

典型的特洛伊木马有灰鸽子、网银大盗等。

3. 远程控制

远程控制是在网络上由一台电脑（主控端 Remote/ 客户端）远距离地控制另一台电脑（被控端 Host/ 服务器端）的技术，这里的远程不是距离的远近，而是在网络上对不同的计算机进行控制。当我们远程控制了一台电脑时，就如同坐在被控端电脑的屏幕前一样，可以启动这台计算机的各项服务，如编辑文件、观赏电影、使用打印机，就像正在直接对这个计算机进行操作。不过，这些操作都是在被控制的主机上进行的，用来控制这些操作的主机并没有实际进行操作，而是接收了被控制主机上发来的数据并显示而已。

在前面我们提到，木马实际上也是可以进行远程控制的。但是这两项操作的相同点和区别又是什么呢？常规远程控制软件和木马都使用客户端，并通过网络来控制服务端；常规远程控制软件和木马都可以进行远程资源管理，比如文件上传、下载、修改；常规远程控制软件和木马都可以进行远程屏幕监控、键盘记录、进程和窗口查看。

但是常规远程控制软件和木马的区别更加明显。木马有破坏性，比如 DDoS 攻击、下载者功能、格式化硬盘、肉鸡和代理功能；木马有隐蔽性，木马最显著的特征就是隐蔽性，也就是服务端是隐藏的，并不在被控者桌面显示，不易被控者察觉，这样一来无疑增加了木马的危害性，也为木马窃取密码提供了方便之门。

4. 蠕虫

与病毒相类似，蠕虫也在计算机与计算机之间自我复制，但是它们的不同之处在于蠕虫可自动完成复制过程而不需要像病毒那样在条件被触发的情况下才能发作。蠕虫控制了计算机中传输文件和信息的功能，一旦蠕虫病毒感染了计算机，它即可独自传播，同时还可以大量复制。例如，蠕虫可以向电子邮件地址簿中的所有联系人发送自己的副本，如果联系人的计算机也将执行同样的操作，大量的蠕虫传送在网络之中如同是多米诺骨牌效应，网络中的蠕虫数据大大增加，占用了其他数据的网络带宽，业务网络和整个互联网的速度都将减慢。一旦新的蠕虫被释放，传播速度将非常迅速。蠕虫的传播也不必通过"主机"程序或文件，因此潜入计算机并允许其他人远程操控也是可以实现的。例如，最近的 MyDoom 蠕虫可打开受感染电脑系统的"后门"，然后使用这些系统对网站发起攻击。

蠕虫的行为特征主要有以下几点。

（1）自我繁殖：蠕虫在本质上已经演变为黑客入侵的自动化工具，当蠕虫被释放（release）后，从搜索漏洞、利用搜索结果攻击系统，到复制副本，整个流程全由蠕虫自身主动完成。

（2）利用软件漏洞：任何计算机系统都存在漏洞，这些蠕虫就利用系统的漏洞获得被攻击的计算机系统的相应权限，使之进行复制和传播过程成为可能。这些漏洞是各种各样的，有的是操作系统本身的问题，有的是应用服务程序的问题，有的是网络管理人员的配置问题。正是由于漏洞产生原因的复杂性，导致各种类型的蠕虫泛滥。

（3）造成网络拥塞：在扫描漏洞主机的过程中，蠕虫判断网络上的其他计算机以及其上某些特定应用服务和漏洞是否存在，同时蠕虫传递或发送攻击数据都不可避免地会产生大量的网络数据流量。

（4）消耗系统资源：蠕虫入侵计算机系统之后，会在被感染的计算机上产生自己的多个副本，每个副本启动搜索程序寻找新的攻击目标。大量的进程会耗费系统的资源，导致系统的性能下降。这对网络服务器的影响尤其明显。

（5）留下安全隐患：大部分蠕虫会搜集、扩散、暴露系统敏感信息（如用户信息等），并在系统中留下后门。这些都会导致未来的安全隐患。

典型的蠕虫病毒有尼姆达、震荡波等。

6.3.2 安全防范措施

随着网络的发展，信息的传播越来越快捷，同时也给病毒的传播带来便利，互联网的普及使病毒在一夜之间传遍全球成为可能。现在，几乎每一位电脑用户都有过被病毒感染的经历。经历过病毒入侵、文件丢失、系统损坏的用户，都会意识到病毒的危害性，也有了防范病毒的意识。可究竟怎么防病毒呢？

首先，防病毒软件不是万能的。很多人认为，只要装上了防病毒软件就可以高枕无忧了，其实这是错误的。现在的病毒普遍利用系统的漏洞进行攻击，通过大范围的网络地址扫描传播自己。那么，如何才能有效地保护系统不受病毒感染呢？关键是及时给系统打上补丁。系统的补丁会将病毒利用的后门堵死，将病毒隔绝在系统之外，从而有效地保护系统。但是这样的系统仍不是100%安全的，还是要安装杀毒软件，它可以帮助用户防范那些邮件和网页中的病毒，以及从网上下载的或和朋友交流的文件中的病毒。同时，杀毒软件还能够及早的发现病毒，保护用户的文件不被病毒感染。

要想有效的防范病毒，要做到以下几方面：

（1）及时给系统打上补丁，并设置一个安全的密码。

（2）安装杀毒软件。

（3）定期进行病毒扫描。

（4）定期更新病毒库。

（5）不要任意点击链接和下载软件。

（6）不要访问无名和不熟悉的网站。

（7）不要与陌生人和不熟悉的网友聊天，说不定有人是 QQ 病毒携带者。

（8）关闭无用的应用程序。

（9）安装软件时不要安装其携带的附件。

（10）不要轻易执行附件中的 EXE 和 COM 等可执行程序。

6.4 任务实施

6.4.1　木马分析实验

1. 实验目的及内容

【实验目的】

- 了解木马隐藏技术的基本原理和木马的相关概念。
- 理解木马植入的方法与原理。
- 提高木马攻击的防范意识。
- 明确木马技术的发展方向。
- 学会使用防范木马的相关工具。

【实验内容】

- 介绍木马相关的基本概念与原理。
- 能够分析木马隐藏的基本特征。
- 初步掌握木马植入的方法与原理。
- 能够清除一般的隐藏木马。

【实验要求】

- 认真阅读并掌握本实验相关的知识点。
- 上机实现实验所提到的工具和操作，得到实验结果，并填写实验报告。

【实验环境】

- 如图 6-1 所示连接网络环境。
- Windows 操作系统。
- 上兴远程控制软件。
- 实验也可两个同学为一组，一个作为木马控制端，另一个作为木马被控端，进行实验。

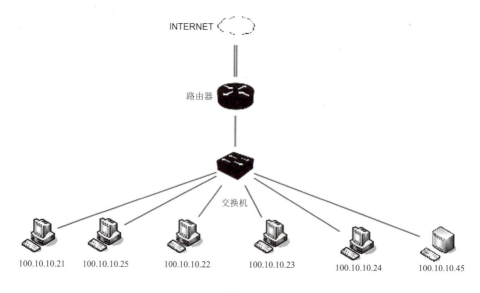

图 6-1

2. 实验步骤

（1）大明查阅了许多的资料，也知道木马可能会对计算机造成无法挽回的破坏，因此他决定将木马安装在虚拟机上。为了保证虚拟机和外面的网络可以连通，将虚拟机的网络设置设定为桥接模式。在虚拟机 VMware 右下角选择 图标按钮，选择 setting，将虚拟机网络连接模式改为 Bridged 模式，如图 6-2 所示。同时大明关闭了防火墙，使用 ping 命令查看两台主机是否是连通的。

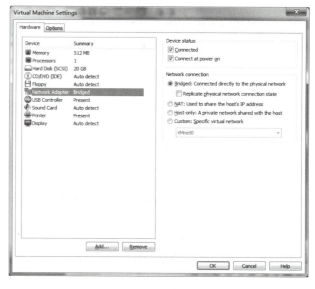

图 6-2

（2）在控制端主机解压"上兴远程控制"压缩包，双击打开上兴远控的控制端配置程序 loader.exe，如图 6-3 所示。大明利用木马的控制端，将木马植入虚拟机中的服务器端，并进行配置。

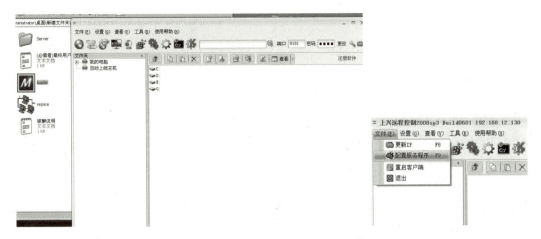

图 6-3

（3）首先规定了地址木马服务器端的本机地址和对应的端口号 192.168.65.133：8181，也就是木马控制端的 IP。在完成了如图 6-4 所示的配置后单击"生成服务器"按钮选择木马文件的存放位置和文件名，确定后即在指定位置产生了相应的木马文件，这里将文件命名为 clickme.exe。控制端会将生成的木马复制到 IP 为 100.10.10.22 的主机上，也就是将要被控制的主机。

（4）在 IP 地址为 100.10.10.22 的主机上双击木马客户端 clickme.exe，植入木马，使其接受服务器端的控制，如图 6-5 所示。

（5）打开虚拟机的任务管理器，没有发现木马程序的进程，但是出现了两个可疑的进程 IEXPLORE.EXE 和 calc.exe，如图 6-6 所示。大明分析了进程的运行时间后认为，这两个进程是在木马运行时隐藏到别的进程中去了，从而保证自己不会被发现。

图 6-4

映像名称	用户名	CPU	内存使用
taskmgr.exe	Administrator	10	8,708 K
vmtoolsd.exe	SYSTEM	00	10,732 K
vmtoolsd.exe	Administrator	02	18,004 K
conime.exe	Administrator	00	50,072 K
spoolsv.exe	SYSTEM	00	5,936 K
TPAutoConnect...	Administrator	00	10,744 K
explorer.exe	Administrator	08	23,688 K
svchost.exe	LOCAL SERVICE	00	4,576 K
svchost.exe	NETWORK SERVICE	00	3,788 K
svchost.exe	SYSTEM	00	18,464 K
svchost.exe	NETWORK SERVICE	00	4,356 K
svchost.exe	SYSTEM	00	5,004 K
vmacthlp.exe	SYSTEM	00	2,620 K
IEXPLORE.EXE	Administrator	00	8,044 K
lsass.exe	SYSTEM	00	1,216 K
services.exe	SYSTEM	00	3,540 K
winlogon.exe	SYSTEM	00	3,756 K
csrss.exe	SYSTEM	00	3,300 K
smss.exe	SYSTEM	00	404 K
alg.exe	LOCAL SERVICE	00	3,748 K
calc.exe	Administrator	00	7,820 K
TPAutoConnSvc...	SYSTEM	00	4,208 K
ctfmon.exe	Administrator	00	6,552 K
VMwareTray.exe	Administrator	00	9,204 K
System	SYSTEM	10	300 K
System Idle P...	SYSTEM	71	28 K

图 6-5　　　　　　　　　　　　　　　　图 6-6

（6）进程管理器不能发现木马，大明使用了一种额外的工具 Wsyscheck 来检查虚拟机的进程，他发现，步骤（5）中的两个进程确实是有问题的，如图 6-7 所示。

	services.exe	676	81EB6B10	632	C:\WINDOWS\system32\services.exe	3540K	Microsoft Corporation
	lsass.exe	688	81FF8020	632	C:\WINDOWS\system32\lsass.exe	1166K	Microsoft Corporation
	ctfmon.exe	216	81F3E6F0	1316	C:\WINDOWS\system32\ctfmon.exe	6552K	Microsoft Corporation
	conime.exe	1580	81BE3808	1284	C:\WINDOWS\system32\conime.exe	50068K	Microsoft Corporation
	calc.exe	412	82011DA0	820	C:\WINDOWS\system32\calc.exe	7872K	Microsoft Corporation
	alg.exe	484	81E9DBE0	676	C:\WINDOWS\System32\alg.exe	3748K	Microsoft Corporation
	explorer.exe	1316	81F52DA0	1280	C:\WINDOWS\Explorer.EXE	25416K	Microsoft Corporation
	VMwareTray.exe	124	81CD42B8	1316	C:\Program Files\VMware\VMware Tools\VMwa...	9212K	VMware, Inc.
	vmtoolsd.exe	1704	81F74DA0	1316	C:\Program Files\VMware\VMware Tools\vmto...	10748K	VMware, Inc.
	vmtoolsd.exe	1584	81BFA020	1316	C:\Program Files\VMware\VMware Tools\vmto...	18032K	VMware, Inc.
	vmacthlp.exe	856	81C61948	676	C:\Program Files\VMware\VMware Tools\vmac...	2620K	VMware, Inc.
	TPAutoConnSvc.exe	228	81EA6DA0	676	C:\Program Files\VMware\VMware Tools\TPAu...	4208K	Cortado AG
	TPAutoConnect.exe	1376	81CE1B30	228	C:\Program Files\VMware\VMware Tools\TPAu...	10744K	Cortado AG
	SogouCloud.exe	4088	81C30A88	3112	C:\Program Files\SogouInput\6.2.0.7817\So...	4644K	Sogou.com Inc.
	IEXPLORE.EXE	820	81E89B10	692	C:\program files\internet explorer\IEXPLO...	8076K	Microsoft Corporation
	Wsyscheck.exe	2040	81BF0A68	1316	C:\Documents and Settings\Administrator\...	3652K	Wang6071@sina.com.cn

图 6-7

（7）大明已经知道木马的隐蔽性非常好，但是他更想要知道木马是如何运作的。因此他又采取了进一步的行动。他在木马控制端和受控端开启了网络数据嗅探工具 Wireshark，开始数据捕获过程，同时设定数据包过滤规则如下：

（ip.src==192.168.65.133 &&ip.dst==192.168.65.134）||
（ip.dst==192.168.65.133 &&ip.src==192.168.65.134）

这些规则表示只显示木马控制端和受控端的交互数据。

（8）双击 clickme.exe 之后，大明看到程序从原位置消失。他对木马的各项控制功能一一予以测试，并得到了如图 6-8 所示的数据包报告。

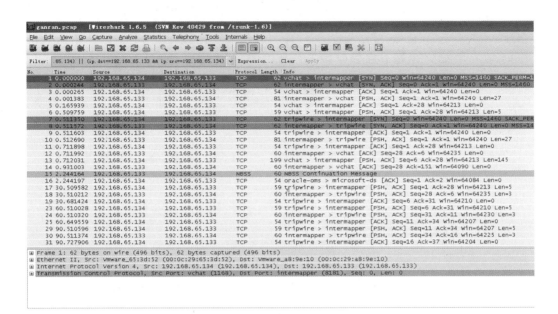

图 6-8

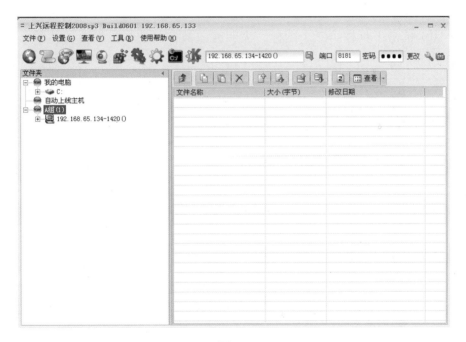

图 6-9

（9）大明打开控制端控制界面，点击右面已经被控制的主机，发现可以对其进行各种操作，包括查看、上传、下载、远程前台运行、远程后台运行受控端的文件和可执行程序等，如图 6-10 所示。

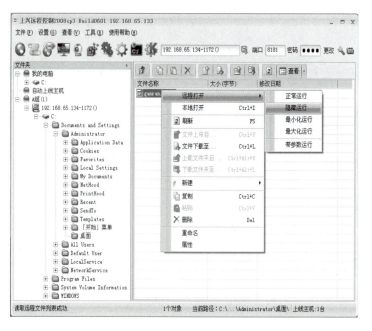

图 6-10

（10）单击工具栏第三个图标，大明就向被控制的主机发送各种命令了，如图 6-11 所示。

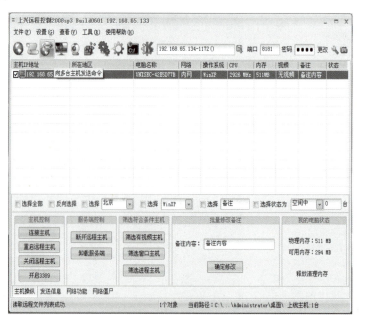

图 6-11

（11）大明尝试了一下木马的功能，他选择了"关闭远程主机"，然后发现受控端主机自动关闭系统，如图 6-12 所示。

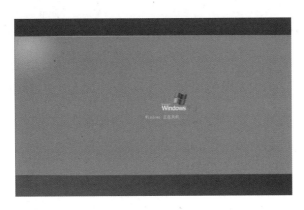

图 6-12

（12）如果大明使用了"发送信息"功能，可以直接发送信息到受控端屏幕上，如图 6-13 所示。

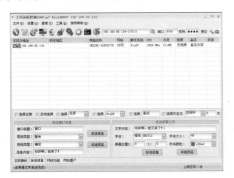 

图 6-13

（13）使用"网络功能"和"网络僵尸"这两个功能可以改变浏览器的各项设置或者发动我们在前面提到的 DoS 攻击，如图 6-14、图 6-15 所示。

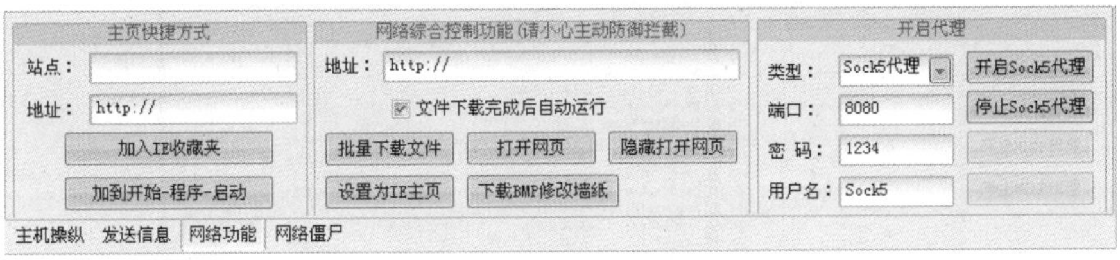

图 6-14

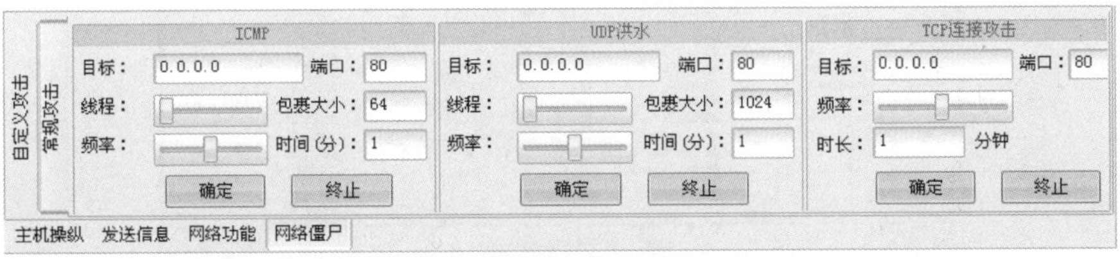

图 6-15

6.4.2 病毒查找与清除实验

1. 实验目的及内容

【实验目的】

- 理解病毒的定义。
- 掌握病毒的工作原理。
- 能够检查并清除一些简单的病毒。

【实验内容】

- 介绍相关知识检查病毒创建的可疑进程，改写的注册表项。
- 使用工具检查、清除病毒，学有余力者可以尝试手动清除病毒。

【实验要求】

- 运行附件中的机器狗病毒，找出可疑进程，修改注册表项。
- 利用专杀工具查杀病毒。
- 学有余力者可以尝试手动查杀病毒。
- 填写实验报告，详述实验过程。

【实验环境】

- Windows 操作系统。
- Process Monitor 工具。

2. 实验步骤

（1）打开 Process Monitor 工具，监视注册表的变化，同时运行病毒程序 orz.exe，如图 6-16 所示。

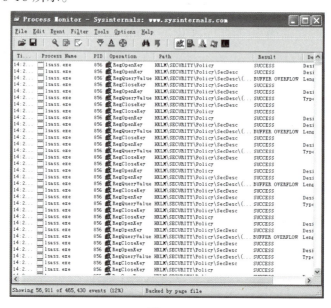

图 6-16

（2）打开"任务管理器"，发现"任务管理器"没有显示 orz.exe，显然该病毒将"任务管理器"屏蔽了。换一种方式通过命令行来查看进程。单击"开始"→"运行"，在命令行输入 cmd，在命令行窗口输入 tasklist 命令，结果如图 6-17 所示。

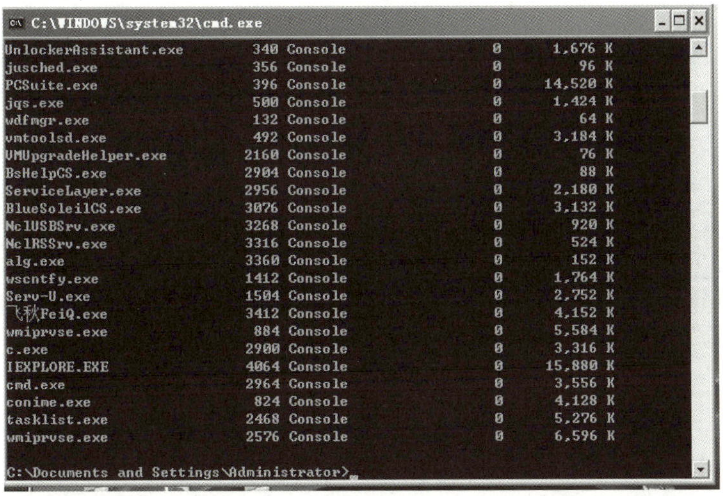

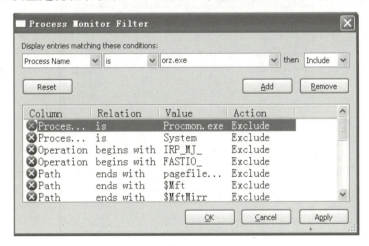

图 6-17

（3）在上面的列表中发现两个并没有使用到的进程 c.exe 和 IEXPLORE.EXE，可初步认定这两个就是可疑进程。继续使用 Process Monitor，通过 filter → filter 设置过滤器，如图 6-18 所示。扫描后看到 c.exe 被查出。

图 6-18

过滤结果如图 6-19 所示。该病毒所开启的进程基本上显示出来了。

1...	process...	PID	Operation	Path	Result	Detail
18...	orz.exe	2108	CloseFile	C:\WINDOWS\system32\fltlib.dll	SUCCESS	
18...	orz.exe	2108	Load Image	C:\WINDOWS\system32\fltlib.dll	SUCCESS	Image Bas...
18...	orz.exe	2108	RegOpenKey	HKLM\Software\Microsoft\Windows NT\CurrentVersion\Image File Execution Options\fltlib.dll	NAME NOT ...	Desired A...
18...	orz.exe	2108	ReadFile	C:\Documents and Settings\Administrator\桌面\orz.exe	SUCCESS	Offset: 5...
18...	orz.exe	2108	CreateFile	C:\WINDOWS\system32\jgdabz.exe	SUCCESS	Desired A...
18...	orz.exe	2108	WriteFile	C:\WINDOWS\system32\jgdabz.exe	SUCCESS	Offset: 0...
18...	orz.exe	2108	SetEndOfFileInformationFile	C:\WINDOWS\system32\jgdabz.exe	INVALID P...	EndOfFile...
18...	orz.exe	2108	QueryNameInformationFile	C:\WINDOWS\system32\jgdabz.exe	SUCCESS	Name: \WI...
8:58:05.2265191		2108	CloseFile	C:\WINDOWS\system32\jgdabz.exe	SUCCESS	
18...	orz.exe	2108	QueryOpen	C:\WINDOWS\system32\jgdabz.exe	SUCCESS	CreationT...
18...	orz.exe	2108	QueryOpen	C:\WINDOWS\system32\jgdabz.exe	SUCCESS	CreationT...
18...	orz.exe	2108	QueryOpen	C:\WINDOWS\system32\jgdabz.exe	SUCCESS	CreationT...
18...	orz.exe	2108	QueryOpen	C:\WINDOWS\system32\jgdabz.exe	SUCCESS	CreationT...
18...	orz.exe	2108	CreateFile	C:\WINDOWS\system32\jgdabz.exe	SUCCESS	Desired A...
18...	orz.exe	2108	CreateFileMapping	C:\WINDOWS\system32\jgdabz.exe	SUCCESS	SyncType:...
18...	orz.exe	2108	QueryStandardInformationFile	C:\WINDOWS\system32\jgdabz.exe	SUCCESS	Allocatio...
18...	orz.exe	2108	CreateFileMapping	C:\WINDOWS\system32\jgdabz.exe	SUCCESS	SyncType:...
18...	orz.exe	2108	CreateFileMapping	C:\WINDOWS\system32\jgdabz.exe	SUCCESS	SyncType:...
18...	orz.exe	2108	RegOpenKey	HKLM\System\CurrentControlSet\Control\Session Manager\AppCertDlls	NAME NOT ...	Desired A...
18...	orz.exe	2108	RegOpenKey	HKLM\System\CurrentControlSet\Control\Session Manager\AppCompatibility	NAME NOT ...	Desired A...
18...	orz.exe	2108	RegQueryValue	HKLM\System\CurrentControlSet\Control\Session Manager\AppCompatibility\DisableAppCompat	NAME NOT ...	Length: 20
18...	orz.exe	2108	RegCloseKey	HKLM\System\CurrentControlSet\Control\Session Manager\AppCompatibility	SUCCESS	
18...	orz.exe	2108	QueryOpen	C:\WINDOWS\system32\apphelp.dll	SUCCESS	CreationT...
18...	orz.exe	2108	CreateFile	C:\WINDOWS\system32\apphelp.dll	SUCCESS	Desired A...
18...	orz.exe	2108	CreateFileMapping	C:\WINDOWS\system32\apphelp.dll	SUCCESS	SyncType:...
18...	orz.exe	2108	QueryStandardInformationFile	C:\WINDOWS\system32\apphelp.dll	SUCCESS	Allocatio...
18...	orz.exe	2108	CreateFileMapping	C:\WINDOWS\system32\apphelp.dll	SUCCESS	SyncType:...
18...	orz.exe	2108	QueryNameInformationFile	C:\WINDOWS\system32\apphelp.dll	SUCCESS	Name: \WI...
18...	orz.exe	2108	CloseFile	C:\WINDOWS\system32\apphelp.dll	SUCCESS	
18...	orz.exe	2108	QueryOpen	C:\WINDOWS\system32\apphelp.dll	SUCCESS	CreationT...
18...	orz.exe	2108	CreateFile	C:\WINDOWS\system32\apphelp.dll	SUCCESS	Desired A...
18...	orz.exe	2108	CreateFileMapping	C:\WINDOWS\system32\apphelp.dll	SUCCESS	SyncType:...
18...	orz.exe	2108	CreateFileMapping	C:\WINDOWS\system32\apphelp.dll	SUCCESS	SyncType:...
18...	orz.exe	2108	QueryNameInformationFile	C:\WINDOWS\system32\apphelp.dll	SUCCESS	Name: \WI...

图 6-19

从图 6-19 可以看出，病毒样本创建了 exe 文件，并且改写大量的注册表，这些都是查杀病毒的依据。可以到相关目录找到文件并删除，并到注册表中删除相关注册表项。

（4）打开机器狗专杀工具，进行扫描，可以看到机器狗的文件 c.exe 被查出，如图 6-20 所示。

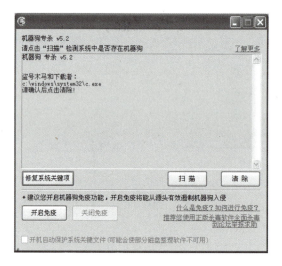

图 6-20

（5）选择"修复系统关键项"，并修复，如图 6-21 所示。

图 6-21

（6）单击"清除"，并重启，此时病毒已被查杀。运行 tasklist 命令后，没有类别病毒进程，如图 6-22 所示。

```
图像名                    PID 会话名         会话#    内存使用
========================= ====== =========== ======= ===========
System Idle Process          0 Console          0         28 K
System                       4 Console          0        316 K
smss.exe                   728 Console          0        408 K
csrss.exe                  784 Console          0      6,872 K
winlogon.exe               808 Console          0      3,556 K
services.exe               852 Console          0      5,756 K
lsass.exe                  864 Console          0      2,776 K
vmacthlp.exe              1016 Console          0      3,384 K
svchost.exe               1040 Console          0      5,768 K
svchost.exe               1108 Console          0      5,064 K
cmdagent.exe              1248 Console          0     10,068 K
svchost.exe               1300 Console          0     22,816 K
svchost.exe               1408 Console          0      3,868 K
svchost.exe               1520 Console          0      5,316 K
spoolsv.exe               1704 Console          0      7,116 K
explorer.exe              1824 Console          0     28,368 K
jqs.exe                    496 Console          0      1,460 K
sqlservr.exe               564 Console          0        848 K
TSUNCache.exe              760 Console          0      5,680 K
Serv-U.exe                 964 Console          0     11,472 K
wdfmgr.exe                1232 Console          0      2,572 K
vmtoolsd.exe              1436 Console          0      8,960 K
VMwareTray.exe            1972 Console          0      5,808 K
VMwareUser.exe            2016 Console          0      8,032 K
BtTray.exe                 596 Console          0      9,796 K
UnlockerAssistant.exe      604 Console          0      3,308 K
飞秋FeiQ.exe               612 Console          0      5,136 K
jusched.exe                620 Console          0      3,460 K
cfp.exe                    560 Console          0     18,016 K
VMUpgradeHelper.exe        652 Console          0      4,816 K
ctfmon.exe                1772 Console          0      3,992 K
PCSuite.exe               1136 Console          0     23,752 K
wmipruse.exe              2520 Console          0      9,056 K
BsHelpCS.exe              2944 Console          0      3,276 K
alg.exe                   3096 Console          0      4,436 K
BlueSoleilCS.exe          3172 Console          0     10,968 K
ServiceLayer.exe          3468 Console          0      5,468 K
wscntfy.exe               3652 Console          0      3,216 K
BsMobileCS.exe            3736 Console          0      6,124 K
Nc1USBSrv.exe             3848 Console          0      3,512 K
Nc1RSSrv.exe              4020 Console          0      3,168 K
cmd.exe                   3944 Console          0      3,560 K
conime.exe                3932 Console          0      3,924 K
tasklist.exe              3972 Console          0      5,376 K

C:\Documents and Settings\Administrator>
```

图 6-22

6.5 阅览室

1. 最具有杀伤力的计算机病毒——CIH 病毒

CIH 病毒的出现直接颠覆了软件病毒不能破坏硬件的神话。这个病毒产自台湾，最早随国际两大盗版集团贩卖的盗版光盘在欧美等地广泛传播，随后进一步通过 Internet 传播到全世界各个角落。

2. 最浪漫的病毒——I LOVE YOU

I LOVE YOU 病毒通过一封标题为 I LOVE YOU 的电子邮件散播，它的附件中有一个名为 LOVE-LETTER-FOR-YOU.txt.vbs（献给你的情书）的文件，一旦执行病毒将使用 Outlook 通讯簿中的邮箱地址自动发送信件，并连锁式地大规模散播，最终造成企业邮件服务器的瘫痪。

3. 最漂亮的病毒——图片病毒

与文字相比，图片带给人的感受更加直观，但是当你打开图片的同时，病毒已经可能悄无声息地进入了你的系统。对防范意识差或者没有保护措施的用户很容易感染这种病毒。当精美的图片给你带来视觉享受的时候，不要忽视病毒很能随之而来，所以最漂亮的病毒的称号颁给图片病毒。

4. 最虔诚的病毒——熊猫烧香

2006 年，熊猫烧香病毒给人们带来不少黑色记忆，这种新病毒借助 U 盘传播，一夜之间使大量的计算机瘫痪，桌面上的所有图标变为一只烧香的熊猫。这只虔诚的"熊猫"给众多的企业带来了巨大的经济损失，而他的制作者的初衷仅仅是为了炫耀自己的技术。

5. 最烦人的病毒——即时在线聊天病毒

QQ、MSN 等在线聊天工具早就成为我们学习和工作的有力助手。但有一天你发现你的 QQ 或者 MSN 打不开了，或者重要的聊天内容被别人盗取了，你是否会很烦恼呢？所以这种病毒是最烦人的病毒。

6. 最具创意的病毒——AV 终结者

一个病毒可以彻底干掉杀毒软件这不算什么，但是可以屏蔽掉所有有关杀毒的字样，就表现出了很独特的创意。当反病毒厂商研究了病毒源码后，才恍然大悟，原来一个小到不能再小的失误，却被病毒开发者很好地利用了。

7. 最流氓的病毒——木马

业内关于木马是否是病毒的争论已经持续很久了，但当你听了著名的木马开发者灰鸽子工作室的回答后，你再也不会怀疑木马不是病毒了："木马不是病毒，它只是远程控制程序。"想想你的电脑正在被别人控制，那你的信息还会安全吗？最流氓的病毒非木马莫属。

第七章　Web 攻击技术

7.1.1　现实场景

2013 年 10 月中的某一天，汉庭、如家、七天等国内多家连锁酒店的住房记录被传到了网上，包括客户姓名、身份证号码等重要信息，数量超过了 2000 万条，给客户带来了巨大的麻烦，甚至有人不得不改名换姓。同年 2 月，中国人寿 80 万份保单信息也被泄密，投保人的信息，包括险种、手机号、身份证号和密码一应俱全。事件发生后，相关部门立即采取行动，核实事件情况，提出应对措施，要求各互联网站高度重视用户信息保护工作。

一系列的用户信息泄露事件使中国的网民对当前的互联网环境忧心忡忡。网上形形色色的社交类网站、电子商务网站记录了我们大量的个人隐私信息，包括姓名、手机、住址、爱好、银行账户等。联入互联网已经是新时代的必然趋势，但是上了网却不能保证客户的信息安全，也可能会导致企业的重大损失。

那么这些网上的数据又是如何被泄露的呢？通过哪些方法能窃取到这些存储在网络上的数据？下面就让我们学习一下 SQL 注入攻击，以及它是如何获得隐私数据的。

7.1.2　任务描述

北京小达人科技公司是一家提供在线教育的网络公司，一段时间以来网上有不少用户信息被泄露的事件发生，公司老板对自己公司网站的用户数据是否安全有些担心，要求网络安全专员小张尽快对公司的网络安全进行全面检查，排查可能的潜在风险和漏洞，防范各种网络攻击和入侵和窃取用户数据的行为。小张刚刚接手公司网络安全，对客户信息泄密过程还不很熟悉，请你协助小张一起完成为北京小达人科技公司检查网络安全、增强网络安全防范的相关措施。

7.2 学习目标

（1）了解 SQL 注入攻击的原理与方法。
（2）了解 SQL 注入攻击带来的危险性。
（3）掌握 SQL 注入的安全防范方法。
（4）对网站中的 SQL 注入漏洞进行检查。

7.3 基础知识

注入攻击原理介绍

1. SQL 注入的概念

现在网民的数量越来越多，每一个人都在不断地将自己的信息传送到网上。这些大量又种类繁多的信息存放起来是一个十分复杂的问题。现在的网站通常都是采用数据库的方式存储这些信息，而 SQL 就是数据库的查询和程序设计语言，通常会在对数据库进行存取、查询、更新和管理时使用到。

SQL 注入（SQL Injection）是黑客应用程序在向数据库传递命令时使用特殊的 SQL 查询字符串，能够欺骗服务器执行恶意的 SQL 命令以达到其罪恶的目的，获得他想要得到的信息的一种网络攻击方式。曾经有影视网站泄露 VIP 会员密码，就是通过 Web 表单递交查询字符的方式泄露的。

结构化查询语言 SQL 是用来和关系型数据库进行交互的文本语言。它允许用户对数据进行有效的管理，包含了对数据的查询、操作、定义和控制等几个方面，例如向数据库写入、插入数据，从数据库读取数据等。关系数据库广泛应用于网站中，用户一般通过动态网页和数据库间接进行交互。

如果黑客想要通过 Web 应用获得别人的个人隐私，他可能会修改在 Web 网页上输入的内容来修改 SQL 自身的语法和功能。SQL 注入不仅仅针对 Web 应用上漏洞，对于任何可以输入代码并构造一个动态 SQL 语句并连接到数据库的不可信源来说，都可能会受到攻击。

我们知道，常见的动态网页都会有一个网址，而上面的各个元素一般都会通过 http://domain-name/page.asp？ arg=value 形式的带有参数的 URL 来访问。而安全性考虑不周的网站应用程序（动态网页）使得黑客能够构造并提交恶意 URL，将特殊构造的 SQL 语句插入提交的参数中，以便在和关系数据库进行交互时获得私密信息，或者直接篡改 Web 数据。这就是所谓的 SQL 注入攻击。

2. SQL 语言

SQL 语言用来和数据库交互，可以用来存取数据、查询、更新和管理关系数据库系统，主要功能是同各种数据库建立联系、进行沟通。

常用的 SQL 语句如表 7-1 所示。

表 7-1　常用的 SQL 语句

选择	SELECT * FROM table1 WHERE 范围
插入	INSERT INTO table1（field1，field2）VALUES（value1，value2）
删除	DELETE FROM table1 WHERE 范围
更新	UPDATE table1 SET field1=value1 WHERE 范围
查找	SELECT * FROM table1 WHERE field1 LIKE'%value1%'（所有包含 'value1' 这个模式的字符串）
排序	SELECT * FROM table1 ORDER BY field1，field2 ﹝desc﹞
总数	SELECT count（*）AS totalcount FROM table1
求和	SELECT sum（field1）AS sumvalue FROM table1
平均	SELECT avg（field1）AS avgvalue FROM table1
最大	SELECT max（field1）AS maxvalue FROM table1
最小	SELECT min（field1）AS minvalue FROM table1 ﹝separator﹞
联合查询	SELECT statement UNION SELECT statement

3. SQL 注入原理

在一个 Web 应用中，用户输入的内容将会直接被用来构造动态 SQL 命令，或者作为输入参数被存储到数据库，这些数据库表单因此也特别容易受到 SQL 注入攻击。许多网站程序在编写时，没有对用户输入的数据是否符合标准进行判断，或者程序本身的变量处理不当，造成应用程序存在安全隐患。这样，黑客就可以提交一段数据库查询的代码，根据程序返回的结果，获得一些敏感的信息，甚至控制整个 Web 服务器。当应用程序根据黑客输入的内容来构造动态 SQL 语句访问数据库时，会发生 SQL 注入攻击。如果代码使用存储过程，而这些存储过程作为包含未筛选的用户输入的字符串来传递，也会发生 SQL 注入。我们知道，对数据库的管理采用的是不同账户不同权限的策略，当应用程序在进行 SQL 操作时使用了特权过高的账户，问题就会变得很严重。黑客通过 Web 应用程序利用 SQL 语句将非法的数据或字符串插入服务器端数据库中，获取数据库的管理用户权限，然后将数据库管理用户权限提升至操作系统管理用户权限，控制服务器操作系统，获取重要信息及机密文件，一旦这些文件被恶意使用，将会带来灾难性的后果。

SQL 注入攻击的主要方式是构造巧妙的 SQL 语句，和网页提交的内容结合起来进行注入攻击。比较常用的技巧有：使用注释符号、恒等式（如 1=1）、使用 UNION 语句进行联合查询、使用 INSERT 或 UPDATE 语句插入或修改数据等。此外还可以利用一些内置函数辅助攻击，如使用 phpinfo 函数显示基本信息，char 函数规避单引号等。下面我们举几个简单的例子。

在关系数据库中，数据全部存储在一张张的表中。现在我们有一张叫做 user 的表格，其中记录了 id、username、pwd 和 level 四列信息，分别表示了用户 ID、用户名、密码和权限等级。对 user 表进行注入的例子如表 7-2 所示。

表 7-2　构造方法举例

语　　句	说　　明
正常语句： SELECT * FROM user WHERE username ='Anna' AND pwd = '012345' 注入语句： SELECT * FROM user WHERE username = 'Anna'/*' AND pwd = ''	黑客在用户名的空白处填上 Anna'/*，而其中 /* 的作用是将后面的密码注释掉，这样他就可以只输入用户名而不使用密码直接登录 Anna 的账户
正常语句： SELECT * FROM user WHERE username = 'Betty' AND pwd = '543210' 注入语句： SELECT * FROM user WHERE username = 'Betty' AND pwd = '' or '1=1'	在逻辑判断中，恒等式 1=1 始终是正确的，即使输入了错误的密码，黑客依然能够不使用密码而成功登录 Betty 的账户
正常语句： UPDATE user SET pwd = 'NewPassword' WHERE username = 'Christine' 注入语句： UPDATE user SET pwd ='abcd'，level='3' WHERE username = 'Christine'	这条语句利用 pwd 后面的单引号以及后续的 WHERE 语句，不仅修改 Christine 的密码，还通过修改 level=3 成为高权限用户

续表

语　句	说　明
正常语句： SELECT * FROM user WHERE username = 'Diana' 注入语句： SELECT * FROM user WHERE username = 'Diana' AND LEFT（pwd，1）='l'	LEFT（pwd，1）是内置函数，可以判断字符串中某个位置的字符，如果成功则显示用户 ID。多次尝试便会得到 Diana 真正的密码
正常语句： SELECT * FROM user WHERE username = 'Eva' AND pwd = 'abcdef' 注入语句： SELECT * FROM user WHERE username = 'Eva' INTO outfile 'd:/httproot/file001.txt'/*' AND pwd = ''	黑客使用多余的单引号 ' 寻找相关路径的文件，这个文件的内容是 Eva 这个用户的相关信息
正常语句： INSERT INTO user VALUES（'$id', '$username', '$password', '1'） 注入语句： INSERT INTO user VALUES（'10', 'Tom', 'password', '3'）	这条语句也使用了注释的方法，新插入了一个 ID 为 10 的用户 Tom，并将其权限直接设定为最高的 3。这种攻击方式可以用来通过漏洞注册高权限用户

4. SQL 注入的危害

从前面的内容我们可以看出，带有参数且访问了数据库的动态网页，就有可能存在 SQL 注入攻击，因此 SQL 注入攻击潜在的发生概率相对于其他 Web 攻击要高很多，危害面也更广。其主要危害包括：获取系统控制权、未经授权操作数据库的数据、恶意篡改网页内容、私自添加系统账号或数据库使用者账号等。

目前基于数据库的网络应用越来越多，与此同时，用于搜索 SQL 注入点的软件在网络上随处可见，攻击者只需要具备少量的专业知识就可以利用这些软件寻找目标进行攻击。攻击目标和攻击者的增加使得 SQL 注入攻击在近几年出现扩大的趋势。

SQL 注入的危害如下：

（1）数据表中的数据外泄，例如个人机密数据、账户数据、密码等。

（2）数据结构被黑客探知，得以做进一步攻击。

（3）数据库服务器被攻击，系统管理员账户被篡改。

（4）取得系统较高权限后，有可能在网页中加入恶意链接以及 XSS 攻击。

（5）经数据库服务器提供的操作系统支持，让黑客得以修改或控制操作系统。

（6）破坏硬盘数据，使全系统瘫痪。

5. SQL 注入过程

注入攻击的一般过程如下：

（1）寻找 SQL 注入点。

（2）判断数据库类型。

（3）猜解表名、列名。

1）寻找 SQL 注入点

（1）整型参数的判断：当输入的参数 YY 为整型时，所以可以用以下步骤测试 SQL 注入是否存在。通常网页中 SQL 语句大致如下：

SELECT* FROM 表名 WHERE 字段 =YY

① HTTP://xxx.xxx.xxx/abc.asp？p=YY'（附加一个单引号），此时 SQL 语句变成了 SELECT *FROM 表名 WHERE 字段 =YY'，abc.asp 运行异常。

② HTTP://xxx.xxx.xxx/abc.asp？p=YY and 1=1，运行正常，而且与 HTTP://xxx.xxx.xxx/abc.asp？p=YY 运行结果相同。

③ HTTP://xxx.xxx.xxx/abc.asp？p=YY and 1=2，运行异常。

如果以上 3 点全满足，一定存在 SQL 注入漏洞。

（2）字符串型参数的判断：当输入的参数 YY 为字符串时，通常 SQL 语句大致如下：

SELECT* FROM 表名 WHERE 字段 ='YY'

① HTTP://xxx.xxx.xxx/abc.asp？p=YY'（附加一个单引号），此时 SQL 语句变成了 SELECT * FROM 表名 WHERE 字段 =YY'，运行异常。

② HTTP://xxx.xxx.xxx/abc.asp？p=YY&nb ... 39；1'='1'，运行正常，而且与 HTTP://xxx.xxx.xxx/abc.asp？p=YY 运行结果相同。

③ HTTP://xxx.xxx.xxx/abc.asp？p=YY&nb ... 39；1'='2'，运行异常。

如果以上 3 点全满足，Web 应用中一定存在 SQL 注入漏洞。

（3）特殊情况的处理：有时程序员会在程序中禁止注入的单引号等字符，以防止 SQL 注入攻击。此时可以用以下几种方法改写 SQL 语句，达到注入的目的。

① 大小写混合法：由于现在使用的 Web 脚本语言很多并不区分大小写，而程序员在过滤时通常要么全部过滤大写字符串，要么全部过滤小写字符串，而大小写混合往往会被忽视。所以可以将大小写混合使用，如用 SelecT 代替 select、SELECT 等。

② UNICODE 法：在互联网信息服务 IIS 中，以 UNICODE 字符集实现国

际化，完全可以将 IE 中输入的字符串转化成 UNICODE 字符串进行输入。如，+=%2B、空格 =%20 等。

③ ASCII 码法：可以把输入的部分或全部字符用 ASCII 码代替，如，U=chr（85）、a=chr（97）等。

2）判断数据库类型

虽然 SQL 作为结构化查询语言能够支持众多不同的数据库种类，但是不同的数据库在 SQL 命令的使用上仍然是有所不同的，这也是需要判断数据库类型的原因。ACCESS 与 SQL Server 是目前最常用的数据库服务器，尽管它们都支持 T-SQL 标准，但还是必须区别对待。

（1）利用数据库服务器的系统变量进行区分。

SQL Server 有 user、db、name() 等系统变量，利用这些系统值不仅可以断定 SQL Server，而且还可以得到大量有用信息。如：

① HTTP://xxx.xxx.xxx/abc.asp？ p=YY and user>0，不仅可以判断是否是 SQL Server，而还可以得到当前连接到数据库的用户名。

② HTTP://xxx.xxx.xxx/abc.asp？ p=YY&n ... db_name()>0，不仅可以判断是否是 SQL Server，而还可以得到当前正在使用的数据库名。

（2）利用系统表进行区分。

Access 的系统表是 msysobjects，且在 Web 环境下没有访问权限；而 SQL Server 的系统表是 sysobjects，在 Web 环境下有访问权限。对于以下两条语句：

① HTTP://xxx.xxx.xxx/abc.asp？ p=YY and（select count（*）from sysobjects）>0

② HTTP://xxx.xxx.xxx/abc.asp？ p=YY and（select count（*）from msysobjects）>0

若数据库是 SQL Server，则第一条运行正常，第二条异常；若是 Access 则两条都会异常。

除了以上两种数据库服务器，微软的 SQL Server 数据库服务器与它们的不同点主要表现在 3 个关键的系统表上：sysdatabases 系统表和 Syscolumns 系统表。我们也可以使用相应的 SQL 语句进行查询，并判断当前使用的数据库类型，这里就不再细述它们之间的区别了。

3）猜解表名、列名

猜解表名语句如下：

（1）And（Select Count（*）from admin）>=0

（2）and exists（select * from admin）

（3）and 0<>（select count（*）from admin）

以上 3 条语句都只有一个目的，如果再 SQL 语句执行后 Web 运行正常，那么我们就认为 admin 表是存在的，Web 页面运行异常则说明 admin 不存在。我们也可以将 admin 表的名称改为其他的表，从而判断数据库中各个表的名称，方便以后的 SQL 注入操作。

在确认管理员表 admin 存在之后，对表中的记录数量也可以判断，也就是说可以知道这个数据库里面有多少个管理员。语句如下：

and（select count（*）from admin）>2

猜解字段语句如下：

（1）And（Select Count（字段名）from admin）>=0

（2）and exists（select 字段名 from admin）

（3）and 1=（select count（*）from admin where len（username）>0）

以上 3 条语句都可以用来判断 admin 表中是否有相应的字段，也可以猜测其他表的内容。

猜解列的长度的方法如下：

可以使用 http://www.xxx.com/xx.asp？ id=x and（select top 1 len（列名）from 表名）>x 对 x 的值进行猜测，可以从 1 开始，第一个出现错误提示的 x 就是列的长度。

猜解列的内容的方法如下：

在知道了表中列名和长度之后，最想要知道的就是表里面的内容。只有表中的内容才是真正有价值的客户信息，也正是黑客最想要知道的信息。可以使用与前面类似的方法对数据库表中的内容进行猜解，这里就不一一细述了。

6. SQL 注入的安全防范

与在电脑和手机上的应用软件相比，网页上的可输入框要多得多，脚本语言提供了灵活的输入方式，也带来了语义限制不够灵活的缺点，使得 Web 系统的安全性变得非常严重。现在的互联网开放性地使用数据库，使得我们不得不对 SQL 注入攻击进行防范。

1）数据验证

对用户端数据进行验证是最主要且最有效的防范手段。Web 应用在开发时要对用户端提交的变量进行仔细的检测、过滤，或删除用户输入的非法字符。

目前网络常见的 SQL 注入非法字符主要是"'""；""--""+"">""<""%""="，以及一些特殊语句，如 Delete 语句。应该限制用户只允许输入字母、数字及下划线等合法的字符，从根本上解决一部分 SQL 注入命令的使用。

同时也要过滤掉这些符号的十进制和十六进制编码。

2）IIS 服务器安全设置

攻击者常用 Web 返回的错误信息来判断 SQL 漏洞是否存在，此时可以修改 Web 返回信息，使得所有错误返回一样的信息，则黑客无法获取网站信息。

3）SQL Server 安全配置

对于使用 SQL Server 数据库的用户，要注意的安全配置有：尽量不使用 sa

连接数据库；管理扩展存储过程，删除不必要的存储过程（如 xp - cmdshell），该存储过程可以帮助黑客建立用户、提权，以便攻入系统；严格设置账号权限，仅给予最低权限；使用强密码；加强日志监管；及时安装补丁等。

检测 SQL 注入漏洞一方面可以在 Web 服务器运行时进行实时入侵检测，另一方面还要借鉴软件工程中代码分析的相关技术进行漏洞的检测。

目前，有一些自动化扫描工具可以帮助检查网站中的 SQL 注入漏洞，NGS 公司的软件 NGSSQ uirrel 就是这样一款工具。SQL 注入是一种综合性攻击，必须从 Web 程序代码、数据库服务器、Web 服务器、操作系统安全设置等方面综合防范，才能达到良好的效果。

4）IPS 设备 SQL 注入防御框架

入侵预防系统（Intrusion Prevention System，IPS）是电脑网络安全设施，是对防病毒软件（Antivirus Programs）和防火墙（Packet Filter，Application Gateway）的补充。入侵预防系统是一部能够监视网络或网络设备的网络资料传输行为的计算机网络安全设备，能够及时地中断、调整或隔离一些不正常或具有伤害性的网络资料传输行为。

IPS 通过对 SQL 注入攻击分析，发现这类攻击主要采用如下几种方式：

（1）通过一些常用的 SQL 注入语句，对网站进行 SQL 注入攻击。

（2）根据 Web 后台数据库本身的特点，对网站进行 SQL 注入攻击。

（3）使用 SQL 注入扫描工具，对网站进行 SQL 注入攻击。

根据上述特点，很多厂家开发出了完整的 SQL 注入攻击防御框架，能够及时发现各种已经暴露的和潜在的 SQL 注入攻击。

7.4　任务实施

7.4.1　SQL 注入实验

1. 实验目的及内容

【实验目的】

• 北京小达人科技公司的网络安全专员小张想要实验一下自己刚刚学到的知识，保护公司客户的个人数据不被泄露，打算进行一次简单的 SQL 注入攻击实验。

【实验内容】

• 小张学习了简单的 SQL 语言、MySQL 数据库、SQL 注入的相关知识，并打算手动对注入点进行分析和攻击。

【实验要求】

· 认真阅读并掌握本实验相关的知识点。

· 上机实现实验所提到的工具和操作，得到实验结果，并填写实验报告。

【实验环境】

· MySQL 数据库，存在注入漏洞的 Web 页面。

2. 实验步骤

（1）打开 IE 浏览器，输入用户登录系统 http://127.0.0.1:8080，登录页面如图 7-1 所示。

（2）从别的同事那里得到了用户名为 aaaaaa、密码为 111111 的账号。以此登录，如图 7-2 所示。

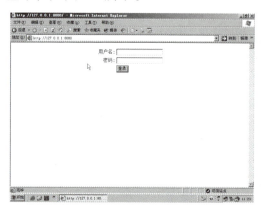

图 7-1

图 7-2

查询到刚登录的用户名和密码信息，如图 7-3 所示。

（3）尝试一下不正确的输入，如图 7-4 所示。

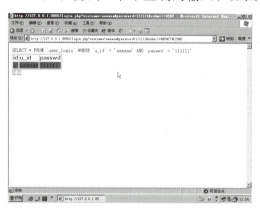

图 7-3

图 7-4

就只在"用户名"框里输入一个单引号，密码留空，单击"登录"按钮，结果却得到了大量的输出，如图 7-5 所示。显然这一个有漏洞的 Web 应用。这些返回的信息中，从 "Warning: mysql_fetch_row()expects parameter 1 to be resource, boolean given in C:\xampp\htdocs\test\login.php on line 25" 可以得知，系统使用了 PHP+MYSQL 的架构，也可以得知路径信息。而且很有可能存在含注入漏洞的 SQL 语句，如 SELECT * FROM user_login WHERE u_id=''。

图 7-5

（4）看一下登录界面的源文件，读取 HTML 源码，如图 7-6 所示。

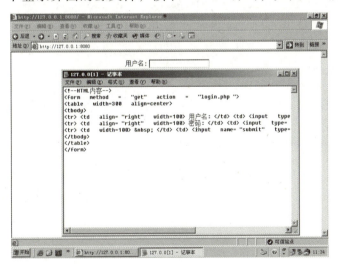

图 7-6

（5）分析一下 HTML 源码，可以知道提交的 username、password 字段及 post 提交方式，及 login.php 的处理页面，后台的 SQL 语句如下：

SELECT * FROM user_login WHERE u_id='$username'

所以，当输入用户名为单引号时，构成了 SELECT * FROM user_login WHERE u_id='' 这样的语句，这样一来，最后的那个单引号就多余了，造成了语法错误。

综上所述，确定了注入成功的条件。登录时 username 输入框输入如下内容即可，甚至不需要输入密码：aaaaaa' or '1=1，如图 7-7 所示。

图 7-7

"aaaaaa'or'1=1" 构建了 SELECT * FROM 'user_login' WHERE 'u_id' = 'aaaaaa'or '1 = 1' AND 'passwd' = '' 语句，直接通过 1=1 的恒等条件，让验证通过。

（6）单击"登录"，成功通过，如图 7-8 所示。

图 7-8

（7）实验完毕，关闭所有窗口即可。可见，一个有漏洞的 Web 应用竟如此简单地就将用户的个人信息泄露了，真是太不安全了。对此，应抓紧时间排查一下公司的 Web 应用，以保障客户的数据安全。

7.5　阅览室

《最有名的几个数据库》

1. IBM DB2

作为关系数据库领域的开拓者和领航人，IBM 在 1977 年完成了 System R 系统的原型，1980 年开始提供集成的数据库服务器——System/38。随后是 SQL/DSforVSE 和 VM，其初始版本与 System R 研究原型密切相关。DB2 for MVSV1 在 1983 年推出。该版本的目标是提供这一新方案所承诺的简单性、数据不相关性和用户生产率。1988 年，DB2 for MVS 提供了强大的在线事务处理（OLTP）支持，1989 年和 1993 年分别以远程工作单元和分布式工作单元实现了分布式数据库支持。最近推出的 DB2 Universal Database 6.1 则是通用数据库的典范，是第一个具备网上功能的多媒体关系数据库管理系统，支持包括 Linux 在内的一系列平台。

2. Oracle

Oracle 的前身叫 SDL，由 Larry Ellison 和另两个编程人员在 1977 年编制，他们开发了自己的拳头产品，在市场上大量销售。1979 年，Oracle 公司引入了第一个商用 SQL 关系数据库管理系统。Oracle 公司是最早开发关系数据库的厂商之一，其产品支持最广泛的操作系统平台。目前 Oracle 关系数据库产品的市场占有率在全球名列前茅。

3. SQL Server

1987 年，微软和 IBM 合作开发完成 OS/2，IBM 在其销售的 OS/2 ExtendedEdition 系统中绑定了 OS/2Database Manager，而微软产品线中尚缺少数据库产品。为此，微软将目光投向 Sybase，同 Sybase 签订了合作协议，使用 Sybase 的技术开发了基于 OS/2 平台的关系型数据库。1989 年，微软发布了 SQL Server 1.0 版。

4. MySQL

MySQL 是一个小型关系型数据库管理系统，开发者为瑞典 MySQL AB 公司。其在 2008 年 1 月 16 日被 SUN 公司收购。目前 MySQL 被广泛地应用在互联网上的中小型网站中。由于其体积小、速度快、总体拥有成本低，尤其是开放源码这一特点，许多中小型网站为了降低网站总体拥有成本，而选择了 MySQL 作为网站数据库。

5. Access

它是美国 Microsoft 公司于 1994 年推出的计算机数据库管理系统。它具有界面友好、易学易用、开发简单、接口灵活等特点，是典型的新一代桌面数据库管理系统。其主要特点如下：

（1）完善地管理各种数据库对象，具有强大的数据组织、用户管理、安全检查等功能。

（2）强大的数据处理功能，在一个工作组级别的网络环境中，使用 Access 开发的多用户数据库管理系统具有传统的 XBASE（DBASE、FoxBASE 的统称）数据库系统所无法实现的客户机 / 服务器（Cient/Server）结构和相应的数据库安全机制，具备了许多先进的大型数据库管理系统所具备的特征，如事务处理 / 出错回滚能力等。

（3）可以方便地生成各种数据对象，利用存储的数据建立窗体和报表，可视性好。

（4）作为 Office 套件的一部分，可以与 Office 集成，实现无缝连接。

（5）能够利用 Web 检索和发布数据，实现与互联网的连接。

Access 主要适用于中小型应用系统，或作为客户机 / 服务器系统中的客户端数据库。

第八章 安全防护技术

8.1 任务概述

现实场景

　　Windows XP 被弃用已有一段时间了，但围绕 XP 系统是否安全的讨论一直未停歇。中国拥有全球最大基数的 XP 用户，有多达 2 亿的用户仍在使用 XP 系统，为了保障如此庞大的用户群体的电脑安全，国内多家安全厂商均推出了专门针对 XP 系统的安全软件，各种安全软件的使用从一定程度上保护了计算机系统的安全。但是，计算机安全防护的手段不仅仅只有安全软件的使用而已，访问控制技术、防火墙技术、入侵检测技术等的使用同样能加强对计算机系统的防护，减小系统所受的威胁。

8.2 基础知识

8.2.1 安全防护原理

1. 什么是计算机安全

　　在汉语大词典里"安全"的含义是"平安，无危险；保护，保全"。那么计算机安全的含义又是什么呢？国际标准化委员会的定义是：为数据处理系统和采取的技术的和管理的安全保护，保护计算机硬件、软件、数据不因偶然的或恶意的原因而遭到破坏、更改、显露。其实质就是保护计算机系统，使其没有危险，不受威胁，不出事故。

　　一切影响计算机安全的因素和保障计算机安全的措施都是计算机安全研究的内容。计算机安全的概念可由 4 个部分组成。首先是实体安全，实体安全指系统设备及相关设施运行正常，系统服务安全有效。其次是数据安全，数据安全指系统拥有和产生的数据或信息完整、有效，使用合法，不被破坏或泄露。还有软件安全，软件安全是指软件完整无损。最后是运行安全，运行安全指资源和信息资源使用合法。计算机安全内容包括计算机安全技术、计算机安全产品、计算机犯罪与侦查、计算机安全监察、计算机安全管理、计算机安全法律和计算机安全理论与政策。

2. 如何保障计算机安全

计算机安全由 5 个机制组成一个完整的逻辑结构，缺一不可。要实现计算机安全，必须围绕这 5 个方面去做工作。

（1）威摄。警告或提醒人们不要做有害于计算机安全之事，否则就会受到法律制裁。

（2）预防。防止并能阻止不法分子利用计算机或对计算机资产的危害。

（3）检查。能查出系统安全隐患，查明已发生的各种事件的原因，包括计算机侦破犯罪案件。

（4）恢复。系统发生意外事件或事故从而导致系统中断或数据受损后，能在较短时间内进行恢复。

（5）纠正。能及时堵塞漏洞，落实安全措施。

8.2.2　网络安全概述

网络安全泛指网络系统的硬件、软件及其系统中的数据受到保护，不因偶然的或者恶意的原因而遭到破坏、更改、泄露，系统连续可靠正常地运行，网络服务不被中断。

网络安全从其本质上来讲就是网络上的信息安全。从广义来说，凡是涉及网络上信息的保密性、完整性、可用性、真实性和可控性的相关技术和理论都是网络安全的研究领域。

影响网络安全的主要因素如下：

1）网络的缺陷

互联网在设计之初由于对共享性和开放性的强调，使得其在安全性方面存在先天的不足。

2）"漏洞"或后门

随着软件及网络系统规模的不断增大，系统中的安全漏洞或"后门"也不可避免地存在。

3）黑客的攻击

黑客技术不再是一种高深莫测的技术，并逐渐被越来越多的人掌握。

4）安全管理滞后

网络硬件建设发展迅猛，网络管理尤其是安全管理滞后，用户安全意识不强，即使应用了最好的安全设备也经常达不到预期效果。

8.2.3　黑客攻击的手段

目前，黑客攻击网络的手段种类繁多，而且新的手段层出不穷。黑客攻击可以分为以下两大类。

一类是主动攻击，这种攻击以各种方式获取攻击目标的相关信息，找出系统漏洞，侵入系统后，将会有选择地破坏信息的有效性和完整性。例如：邮件炸弹。

另一类是被动攻击，这种攻击是在不影响网络正常工作的情况下，进行截获、窃取、破译以获得重要机密信息，其中包括窃听和通信流量分析。例如：扫描器。

当前黑客攻击采用的主要手段是利用目前网络系统以及各种网络软件的漏洞。

1.　获取口令

这又有 3 种方法：一是通过网络监听非法得到用户口令，这类方法有一定的局限性，但危害性极大，监听者往往能够获得其所在网段的所有用户账号和口令，对局域网安全威胁巨大；二是在知道用户的账号后（如电子邮件 @ 前面的部分），利用一些专门软件强行破解用户口令，这种方法不受网段限制，但黑客要有足够的耐心和时间；三是在获得一个服务器上的用户口令文件（此文件成为 Shadow 文件）后，用暴力破解程序破解用户口令，该方法的使用前提是黑客获得口令的 Shadow 文件，此方法在所有方法中危害最大，因为它不需要像第二种方法那样一遍又一遍地尝试登录服务器，而是在本地将加密后的口令与 Shadow 文件中的口令相比较就能非常容易地破获用户密码，尤其对那些弱用户密码（指口令安全系数极低，如某用户账号为 zys，其口令就是 zys666、666666、或干脆就是 zys 等）更是在短短的一两分钟内，甚至几十秒内就可以破解。

2.　放置特洛伊木马程序

特洛伊木马程序可以直接侵入用户的电脑并进行破坏，它常被伪装成工具程序或者游戏等，诱使用户打开带有特洛伊木马程序的邮件附件或从网上直接下载，一旦用户打开了这些邮件的附件或者执行了这些程序之后，它们就会像古特洛伊人在敌人城外留下的藏有士兵的木马一样留在用户的电脑中，并在用户的计算机系统中隐藏一个可以在 Windows 启动时悄悄执行的程序。当用户连接到互联网上时，这个程序就会通知黑客，报告用户的 IP 地址以及预先设定的端口。黑客在收到这些信息后，再利用这个潜伏在其中的程序，就可以任意地修改用户的计算机的参数设定、复制文件、窥视用户电脑整个硬盘中的内容等，从而达到控制用户的计算机的目的。

3. WWW 的欺骗技术

在网上，用户可以利用 IE 等浏览器进行各种各样的 Web 站点的访问，如阅读新闻组、咨询产品价格、订阅报纸、电子商务等。然而一般的用户恐怕不会想到有这些问题存在：正在访问的网页已经被黑客篡改过，网页上的信息是虚假的，例如，黑客将用户要浏览的网页的 URL 改写为指向黑客自己的服务器，当用户浏览目标网页的时候，实际上是向黑客服务器发出请求，那么黑客就可以达到欺骗的目的了。

4. 电子邮件攻击

电子邮件攻击主要表现为两种方式：一是电子邮件轰炸和电子邮件"滚雪球"，也就是通常所说的邮件炸弹，指的是用伪造的 IP 地址和电子邮件地址向同一信箱发送数以千计、万计甚至无穷多次内容相同的垃圾邮件，致使受害人邮箱被"炸"，严重者可能会给电子邮件服务器操作系统带来危险，甚至瘫痪；二是电子邮件欺骗，攻击者佯称自己为系统管理员（邮件地址和系统管理员完全相同），给用户发送邮件要求用户修改口令（口令可能为指定字符串）或在看起来正常的附件中加载病毒或其他木马程序（例如，某些单位的网络管理员有定期给用户免费发送防火墙升级程序的义务，这为黑客成功地利用该方法提供了可乘之机），这类欺骗只要用户提高警惕，一般危害性不是太大。

5. 通过一个节点来攻击其他节点

黑客在突破一台主机后，往往以此主机作为根据地，攻击其他主机（以隐蔽其入侵路径，避免留下蛛丝马迹）。他们可以使用网络监听方法，尝试攻破同一网络内的其他主机；也可以通过 IP 欺骗和主机信任关系，攻击其他主机。这类攻击很狡猾，但由于某些技术很难掌握，如 IP 欺骗，因此它较少被黑客使用。

6. 网络监听

网络监听是主机的一种工作模式，在这种模式下，主机可以接收到本网段在同一条物理通道上传输的所有信息，而不管这些信息的发送方和接受方是谁。此时，如果两台主机进行通信的信息没有加密，只要使用某些网络监听工具，例如 NetXray for Windows 95/98/NT，Sniffit for Linux、Solaries 等，就可以轻而易举地截获包括口令和账号在内的信息资料。虽然网络监听获得的用户账号和口令具有一定的局限性，但监听者往往能够获得其所在网段的所有用户账号及口令。

7. 寻找系统漏洞

许多系统都有这样那样的安全漏洞（Bugs），其中某些是操作系统或应用软件本身具有的，如 Sendmail 漏洞，Windows 98 中的共享目录密码验证漏洞和 IE5 漏洞等，这些漏洞在补丁未被开发出来之前一般很难防御黑客的破坏，除非将网线拔掉；还有一些漏洞是由于系统管理员配置错误引起的，如在网络文件系统中，将目录和文件以可写的方式调出，将未加 Shadow 的用户密码文件以明码方式存放在某一目录下，这都会给黑客提供可乘之机，应及时加以修正。

8. 利用账号进行攻击

有的黑客会利用操作系统提供的缺省账户和密码进行攻击，例如，许多 UNIX 主机都有 FTP 和 Guest 等缺省账户（其密码和账户名同名），有的甚至没有口令。黑客用 UNIX 操作系统提供的命令如 Finger 和 Ruser 等收集信息，不断提高自己的攻击能力。这类攻击只要系统管理员提高警惕，将系统提供的缺省账户关掉，或提醒无口令用户增加口令，一般都能克服。

9. 偷取特权

利用各种特洛伊木马程序、后门程序和黑客自己编写的导致缓冲区溢出的程序进行攻击，前者可使黑客非法获得对用户机器的完全控制权，后者可使黑客获得超级用户的权限，从而拥有对整个网络的绝对控制权。这种攻击手段一旦奏效，危害性极大。

10. 社会工程学攻击

社会工程学攻击是攻击者利用人际关系的互动性所发出的攻击。

8.2.4 黑客的防范

防范黑客的攻击，保证计算机网络的正常运行，是一个困难但又必须努力研究和探索的问题。主要手段如下：
- 防火墙技术。
- 入侵检测技术。
- 加密技术。
- 身份识别和数字签名技术。

8.3 任务实施

Windows 操作系统安全实验

1. 实验目的及内容

【实验目的】
- 熟悉 Windows 系统的安全机制。

• 掌握 Windows 系统的安全配置过程。

【实验内容】

• 手动进行 Windows 系统安全配置。

【实验要求】

• 认真阅读并掌握本实验相关的知识点。

• 上机实现实验所提到的工具和操作，得到实验结果，并填写实验报告。

【实验环境】

• Windows 系统。

2. 实验步骤

（1）打开"控制面板"选择管理工具，进入"本地安全策略"界面，如图 8-1 所示。

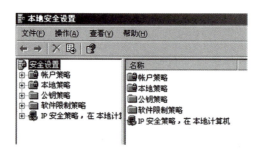

图 8-1

可以配置的安全策略有 4 类：账户策略、本地策略、公钥策略和 IP 安全策略。在默认的情况下，这些策略都是没有开启的。配置账户策略和本地策略中的审核策略，并使用"事件查看器"来查看修改审核策略事件的安全日志。

（2）开启密码策略，密码对系统安全非常重要。本地安全设置中的密码策略在默认的情况下都没有开启。需要开启的密码策略如图 8-2 所示。

策略	设置
密码复杂性要求	启用
密码长度最小值	6位
密码最长存留期	42天
强制密码历史	5个

图 8-2

打开"账户策略"，选择"密码策略"，选择"开启"，设置完成后如图 8-3 所示。

账户锁定策略可以有效地防止字典式攻击，最好开启该策略。打开"账户策

114

略"，选择"账户锁定策略"，设置完成后如图 8-4 所示。

图 8-3

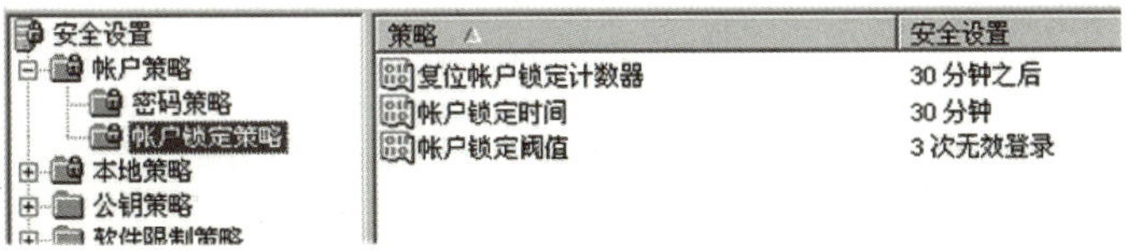

图 8-4

（3）安全审核是 Windows 最基本的入侵检测方法。当有人尝试对系统进行某种方式（如尝试用户密码、改变账户策略和未经许可的文件访问等）入侵的时候，都会被安全审核记录下来，记录到安全日志中。下一步就是开启安全审核策略。需要开启的审核策略如图 8-5 所示。

打开"本地策略"，选择"审核策略"，双击审核列表中的某一项，出现设置对话框。勾选复选框"成功"和"失败"，如图 8-6 所示。

策略	设置
审核帐户登录事件	成功，失败
审核帐户管理	成功，失败
审核登录事件	成功，失败
审核对象访问	失败
审核策略更改	成功，失败
审核特权使用	成功，失败
审核系统事件	失败

图 8-5

图 8-6　审核策略设置

设置完成后看到了如图 8-7 所示效果。

图 8-7　审核策略设置完成

（4）对于在安全策略中指定审核的事件，其审核报告将被写入安全日志中，可以使用"事件查看器"来查看。使用"事件查看器"查看安全日志中的事件的方法如下。

打开"控制面板"，打开"管理工具"，选择"事件查看器"，如图8-8所示。

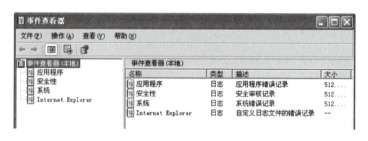

图 8-8

单击"安全性"选项就可以看到审核事件列表，从中可以看到日志记录的内容。

（5）停用不必要的账号也可以增强计算机系统的安全性。进入"控制面板"，选择"计算机管理"，打开"系统工具"下的"本地用户和组"，确认 Guest 账号已停用，如图8-9所示。

图 8-9　用户账户设置

（6）Windows 中的 Administrator 账号是不能被停用的，这意味着黑客会一遍又一遍的尝试破解这个账户的密码。把 Administrator 账户改名可以有效地防止这种做法。在"计算机管理"界面中选中 Administrator 账户，右键选择"重命名"，将原来的名字改成了 guestone，看起来不像是管理员账户的名字。

（7）为了迷惑潜在的攻击者，还可创建了一个陷阱账号，命名为 Administrator，把它的权限设置成最低，什么事也干不了，并且加上一个长度超过10位的超复杂密码。这样可以让那些企图入侵者忙上一段时间了，并且可以借此发现它们的入侵企图。

（8）每提供一种网络服务就增加一份安全威胁，所以应关闭所有不必要的网络服务。Windows 可禁用的服务如图8-10所示。

打开"控制面板"，选择"管理工具"，打开"服务"，查看系统提供的服务以及哪些服务被禁用，将可以禁用的服务禁用。

服务名	说明
Routing and Remote Access	在局域网以及广域网环境中为企业提供路由服务
Net.Tcp 端口共享服务	提供通过 Net.tcp 协议共享 TCP 端口的功能
Telnet	允许远程登录到本计算机

图 8-10

3. Windows 安全策略

在互联网越来越普及的今天，互联网安全问题日益严重，木马病毒横行网络。大多数人会选择安装杀毒软件和防火墙，而还有一些人希望依靠 Windows 系统本身的安全机制来抵御病毒的入侵。

其实大多数人都忽略了 Windows 系统本身的防御功能，认为 Windows 弱不禁风。其实只要设置好，Windows 就是非常强大的安全防护软件。

打开安全策略很简单，这里重点介绍其中的软件限制策略。

（1）进入"控制面板"，双击"管理工具"，如图 8-11 所示。

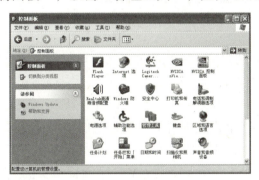

图 8-11

（2）在"管理工具"页面双击"本地安全策略"，如图 8-12 所示。

图 8-12

（3）单击"软件限制策略"，其他地方都不用管，其他规则才是由我们发

117

挥的地方，这里规则制定的好坏直接关系到自己电脑的安全程度。单击"其他规则"，可以看到微软已经帮我们预设了4条规则，如图8-13所示。

（4）如果要新建规则，右键单击"其他规则"，如果要输入新规则，就单击"新路径规则"，如图8-14所示。

图 8-13

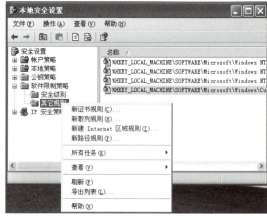
图 8-14

（5）在"路径"框内输入路径和文件名，可以借助浏览按钮查找选定文件。"安全级别"有两个选项，一个是"不允许的"，另一个是"不受限的"，如图8-15所示。

Windows安全策略常识是配置的前提，我们主要在路径那一栏里做文章。这里允许使用通配符，常见的有"*"和"？"，*表示任意个字符，？表示一个字符。

我们已经具备了配置安全策略的方法，下面针对实例进行讲解。

实例1：进程仿冒是木马病毒用得最多的一个手段，比如病毒文件名为svchost.exe，而这个病毒文件在Windows文件夹下或其他任意文件夹下，而真正的svchost.exe文件应该在system32文件夹下。

病毒运行时Windows默认的"任务管理器"里只会显示其进程名为svchost.exe，而XP中本来就有很多个svchost.exe进程，这就很好地达到了欺骗用户的目的。普通杀毒软件还是得依托单一的病毒库，一旦换了个新病毒用同样的手法它就不识别了，安全性很差。用本地安全策略可以很简单地永久免疫这种方式的病毒。我们建立两条规则。

第一条规则：通过新建规则，在"路径"栏中输入svchost.exe，在"安全级别"中选择"不允许"，如图8-16所示。

第二条规则：通过新建路径规则，单击"浏览"按钮，选择路径c:\windows\system32\，然后在路径栏中输入C:\Windows\System32\svchost.exe，其实也可以只写文件名，在"安全级别"中选择"不受限"，如图8-17所示。

图 8-15 图 8-16

图 8-17

实例 2：很多病毒木马为逃过用户的查杀，都会藏在很隐蔽的地方，比如"回收站"、System Volume Information（系统还原文件夹）、C:\Windows\system32\Drivers 文件夹、C:\Windows\system 文件夹等，并且加上隐藏属性，使用户不易发觉。

建立如下规则：

- ？:\Recycled*.* 不允许的
- ？:\System Volume Information*.* 不允许的
- C:\WINDOWS\system32\Drivers*.* 不允许的
- C:\WINDOWS\system*.* 不允许的

通过以上 4 条规则就能屏蔽掉这 4 个文件夹下任意可执行文件的运行，再一次完美地构造了对这一类型的病毒和木马的防御。

实例 3：用双扩展名迷惑用户的病毒也不在少数。比如 MM.jpg.exe、"免费得 QQ 会员的方法 .txt.exe"等，还会将图标改成前一个扩展名的图标。

由于大多数用户的系统都是 XP 的默认设置，隐藏已知扩展名的，所以这些病毒文件是很有迷惑性的。但防御它们也不难。

- *.jpg.exe　不允许的
- *.txt.exe　不允许的

实例 4：优盘病毒是现在木马病毒使用得最多的传播方式，一般的防御方法是安装杀毒软件或专门的防 USB 病毒工具。那么用系统安全策略是否也能做到免疫呢？答案是：不一定能做到 100% 防御，但能达到 90% 以上。

规则如下：（假设电脑上第一个优盘的盘符是 G）

- G:*.exe　不允许的
- G:*.com　不允许的

8.4　阅览室

入侵防御系统可以说是入侵检测系统的姊妹系统，它们的名字很像但是却是不一样的两个系统。入侵防御系统分为主机入侵防御系统（Host Intrusion Prevent System）和入侵防御系统（Intrusion Prevent System）。

主机入侵防御系统，简称 HIPS，是一种能够对程序执行过程和安装程序对注册表进行更改操作的检查方式，能够有效地对执行操作的人员进行预警提示。HIPS 以程序进程为核心，可以对某些进程所产生的行为进行严格监控。比如在运行程序、访问网络、更改注册表、程序组件的调用和分配、写入驱动等一系列的操作方式上，都可以对操作计算机的人员提示相应的警告。如果这些操作行为是非正常的，那么用户可以根据提示阻止这类行为规则的发生，使其无法执行此类行为操作，防止未授权的进程对其读写操作，以保障系统的安全性。

入侵防御系统是对整体网络实施的安全措施，是对防病毒软件和防火墙的一种补充，能够监视网络中或者网络设备之间的传输行为，并且可以做到及时中断、调整或者隔离一些非正常的具有攻击行为的传输行为。

入侵防御系统和入侵检测系统一起作为计算机的安全卫士保护着计算机系统的安全。

附　　录

名词之间的区别

红客，维护国家利益代表中国人民意志的红客，他们热爱自己的祖国、民族、和平，极力地维护国家安全与尊严。

蓝客，信仰自由，提倡爱国主义的黑客们，用自己的力量来维护网络的和平。

骇客，是"Cracker"的音译，就是"破解者"的意思。从事恶意破解商业软件、恶意入侵别人的网站等事务。

信息安全专业术语

暗入口（trap door），一种隐蔽的软件或硬件机制。激活后，就可避过系统保护机制，从而绕过安全性控制获得系统或程序的访问权。

安全协议（Security protocol，又称密码协议，Cryptographic protocol）。

安全协议是建立在密码体制基础上的一种交互通信协议，它运用密码算法和协议逻辑来实现认证和密钥分配等目标。

安全评估（security evaluation）：为评定在系统内安全处理敏感信息的可信度而做的评估。

安全配置管理（secure configuration management）：控制系统硬件与软件结构更改的一组规程。其目的是来保证这种更改不致违反系统的安全策略。

安全内核（security kernel）：控制对系统资源的访问而实现基本安全规程的计算机系统的中心部分。

安全过滤器（security filter）：对传输的数据强制执行安全策略的可信子系统。

安全过滤带宽是指防火墙在某种加密算法标准下，如 DES（56 位）或 3DES（168位）下的整体过滤性能。它是相对于明文带宽提出的。一般来说，防火墙总的吞吐量越大，其对应的安全过滤带宽越高。

安全测试（security testing）：用于确定系统的安全特征按设计要求实现的过程。这一过程包括现场功能测试、渗透测试和验证。

安全操作系统（Secure Operation System）：为所管理的数据和资源提供相应的安全保护，而有效控制硬件和软件功能的操作系统。

安全网关，是各种技术有趣的融合，具有重要且独特的保护作用，其范围从协议级过滤到十分复杂的应用级过滤。

安全补丁，对于大型软件系统（如 Windows 操作系统）在使用过程中暴露的问题（一般由黑客或病毒设计者发现）而发布的解决问题的小程序。

ARP（地址解析协议，Address Resolution Protocol），"地址解析"是主机在发送帧前将目标 IP 地址转换成目标 MAC 地址的过程。也就是将 IP 转化成以 IP 对应的网卡的物理地址的一种协议。

ACK：ACK 是一种确认应答，在数据通信传输中，接收方发给发送方的一种传输控制字符。它表示确认发来的数据已经接受无误。

通常 ACK 信号有自己固定的格式，长度大小，由接受方回复给发送方。其格式取决于采取的网络协议。当发送方接收到 ACK 信号时，就可以发送下一个数据。如果发送方没有收到信号，那么发送方可能会重发当前的数据包，也可能停止传送数据。具体情况取决于所采用的网络协议。ACK 信号通常是一个 ASCII 字符，不同的协议中 ACK 信号都不一样。

备份：当病毒入侵或者系统错误操作对操作系统带来较大的或致命的麻烦时，为避免重装系统的费时费力，在系统稳定时对系统盘（一般是 C 盘）所有数据拷贝成一文件，存储于其他的盘；当系统出现问题时可以利用这个文件进行恢复的操作，叫备份。

包过滤：防火墙的一类。传统的包过滤功能在路由器上常可看到，而专门的防火墙系统一般在此之上加了功能的扩展，如状态检测等。它通过检查单个包的地址、协议、端口等信息来决定是否允许此数据包通过。

包转发率：包转发率标志了交换机转发数据包能力的大小。单位一般位 pps（包每秒），一般交换机的包转发率在几十 Kpps 到几百 Mpps 不等。包转发率以数据包为单位体现了交换机的交换能力。

802.1x：是 IEEE 为了解决基于端口的接入控制（Port-Based Network Access Control）而定义的一个标准。根据用户 ID 或设备，对网络客户端（或端口）进行鉴权的标准。

BLP（Bell-LaPadula）模型：安全策略的一种正式模型，用于制定一套访问控制规则。在遵循一套原则的基础上，该模型逐一证明该系统是否安全。在该模型中，计算机系统中的实体被分成抽象的对象。安全状态得到了详细地说明，而且通过从一个安全状态转到另一个安全状态的方式来证明状态转移过程仍然是安全的，进而归纳地证明了该系统是安全的。

病毒库：病毒库就是个数据库，它记录着电脑病毒的种种"相貌特征"以便及时发现，绞杀它们，只有这样，杀毒程序才会区分病毒程序于一般程序，所以有时我们也称病毒库里的数据为"病毒特征码"，病毒库是要时常更新的，这样才能尽量保护你的计算机不被最新的病毒所侵害。

BAN逻辑：BAN逻辑是一个形式逻辑模型，进行基于知识和信任的分析。BAN逻辑假设认证是完整性和新鲜度的函数，使用逻辑规则来对协议的属性进行跟踪和分析。

半脆弱水印：用于版权保护的数字水印称为鲁棒水印。用于内容真实性鉴定的水印称为脆弱水印。同时具备鲁棒性和脆弱性的水印称为半脆弱水印。

报警事件：具有发现能力的安全设备（如网络扫描、入侵检测、日志审计等）出现的安全事件称为报警事件。

信息系统：指由计算机硬件、软件、网络与通信设备等组成的以处理信息和数据为目的的系统。

漏洞：是指信息系统中的软件、硬件或通信协议中存在缺陷或不适当的配置，从而可使攻击者在未授权的情况下访问或破坏系统，导致信息系统面临安全风险。

恶意代码：是指未经授权的情况下，在信息系统中安装，执行以达到不正当目的程序。恶意代码分类说明如下：

（1）特洛伊木马（Trojan Horse）。简称木马，是以盗取用户个人信息，甚至是远程控制用户计算机为主要目的的恶意代码。由于它像间谍一样潜入用户的电脑，与战争中的"木马"战术十分相似，因而得名木马。按照功能，木马程序可进一步分为：盗号木马、网银木马、窃密木马、远程控制木马、流量劫持木马、下载者木马和其他木马六类。

（2）僵尸程序（Bot）。是用于构建僵尸网络以形成大规模攻击平台的恶意代码。僵尸网络是被"黑客"集中控制的计算机群，其核心特点是"黑客"能够通过一对多的命令与控制信道操纵感染僵尸程序的主机执行相同的恶意行为，如可同时对某目标网站进行分布式拒绝服务攻击，或发送大量的垃圾邮件等。按照使用的通信协议，僵尸程序可进一步分为：IRC僵尸程序、Http僵尸程序、P2P僵尸程序和其他僵尸程序四类。

（3）蠕虫（Worm）。是指能自我复制和广泛传播，以占用系统和网络资源为主要目的的恶意代码。按照传播途径，蠕虫可进一步分为：邮件蠕虫、即时消息蠕虫、U盘蠕虫、漏洞利用蠕虫和其他蠕虫五类。

（4）病毒（Virus）。是指通过感染计算机文件进行传播，以破坏或篡改用户数据，影响信息系统正常运行为主要目的恶意代码。

（5）其他。

上述分类未包含的其他恶意代码。

随着"黑客"地下产业链的发展，互联网上出现的一些恶意代码还具有上述分类中的多重功能属性和技术特点，并不断发展。对此，我们将按照恶意代码的主要用途参照上述定义进行归类。

• 拒绝服务攻击。是指向某一目标信息系统发送密集的攻击包，或执行特定攻击操作，以期致目标系统停止提供服务。

· 网页篡改。是指恶意破坏或更改网页内容，使网站无法正常工作或出现"黑客"插入的非正常网页内容。

· 网页仿冒。是指通过构造与某一目标网站高度相似的页面（俗称钓鱼网站），并通常以垃圾邮件、即时聊天、手机短信或网页虚假广告等方式发送声称来自于被仿冒机构的欺骗性消息，诱骗用户访问钓鱼网站，以获取用户个人秘密信息（如银行账号和账户密码）。

· 网页挂马。是指通过在网页中嵌入恶意代码或链接，致使用户计算机在访问该页面时被植入恶意代码。

· 垃圾邮件。是指将不需要的消息（通常是未经请求的广告）发送给众多收件人。包括：① 收件人事先没有提出要求或者同意接收的广告、电子刊物、各种形式的宣传品等宣传性的电子邮件；② 收件人无法拒收的电子邮件；③ 隐藏发件人身份、地址、标题等信息的电子邮件；④ 含有虚假的信息源、发件人、路由等信息的电子邮件。

· 域名劫持。是指通过拦截域名解析请求或篡改域名服务器上的数据，使得用户在访问相关域名时返回虚假 IP 地址或使用户的请求失败。

· 非授权访问。是指没有访问权限的用户以非正当的手段访问数据信息。非授权访问事件一般发生在存在漏洞的信息系统中，"黑客"利用专门用户的漏洞利用程序（Exploit）来获取信息系统访问权限。

· 路由劫持。是指通过欺骗方式列改路由信息，以导致用户无法访问正确的目标，或导致用户的访问流量绕行"黑客"设定的路径，以达到不正当的目的。